KB235467

알기 쉬운 증권집단소송

알기 쉬운 증권집단소송

Q & A 40

이상복 지음

피피에

알기 쉬운
증권집단소송

지은이/ 이상복
펴낸이/ 강인수
펴낸곳/ 도서출판 **파피에**

초판 1쇄 발행/ 2005년 1월 12일

등록/ 2001년 6월 25일 (제1-2881호)
주소/ 110-051 서울시 종로구 도렴동 117-1 성완빌딩 501호
전화/ 02-733-8668
팩스/ 02-732-8260
이메일/ papier-pub@hanmail.net

ⓒ 이상복, 2005
ISBN 89-85901-40-0　03320

우리나라에서도 증권집단소송제도가 2005년 1월 1일부터 시행된다. 증권집단소송제도를 도입한 목적은 증권거래과정에서 발생한 집단적인 피해를 효율적으로 구제하고, 또 이를 통해 기업의 투명성을 높이기 위한 것이다.

저자는 1999년 1월부터 증권시장에 근무하면서 증권범죄, 더 나아가 기업범죄 현상에 관심을 가지고 있었다. 또한 한국증권법학회 활동을 하던 중 2001년에는 「증권관련집단소송법률안」에 대한 검토를 하면서 증권집단소송제도에 큰 관심을 갖게 되었다. 그 후 2002년 봄부터 2003년 여름까지 미국 스탠퍼드 로스쿨에서 연구할 기회가 있었다. 스탠퍼드 로스쿨은 증권집단소송에 관한 연구로 유명한 학교였는데, 덕분에 저자는 증권집단소송제도에 관한 연구에 박차를 가할 수 있었다.

　따라서 저자는 첫째, 기업종사자와 증권업계 종사자들을 대상으로, 둘째, 법률적 기초지식이 있는 사람들을 대상으로, 셋째, 일반투자자를 대상으로 하는 책을 출간할 결심을 했다. 그 결과 2004년 2월에는 『증권범죄와 집단소송』이라는 제목의 책을 출간했는데, 그 책은 법률적 기초지식이 없는 기업종사자와 증권업계 종사자 등을 대상으로 한 것이었다. 또, 2004년 7월에는 법률지식이 있는 사람들을 대상으로 한 『증권집단소송론』을 출간했다. 이제 마지막으로 일반투자자들이 손쉽게 접근할 수 있는 『알기 쉬운 증권집단소송 Q&A 40』을 출간하게 되었다.

　이 책의 특징은 다음과 같다.

　첫째, 제1부는 우리나라의 증권관련집단소송법을 중심으로, 문답 형식을 취했다. 일반 독자의 빠른 이해를 돕기 위해서이다.

　둘째, 40문 40답을 설명하면서 독자들이 최소한 알고 있어야 하는 내용을 "미니 증권상식"이라는 형식으로 중간중간에 삽입했다. 내용은 신문 등에서 박스기사 등으로 가끔 등장하는 것으로, 증권에 대한 기초지식을 중심으로 작성했다. 또한 본문 중간에 사기라는 범죄와 그에 따른 해프닝을 웃으며 되돌아볼 수 있게 "사기 관련 유머"를 삽입했다.

셋째, 제2부는 증권집단소송과 관련된 미국의 실제 사례를 소개했다. 엔론 사건 등 언론을 떠들썩하게 장식했던 사건들을 중심으로 설명했다.

어떤 제도가 도입될 때 그 제도에 대한 이해관계자는 다양할 수 있다. 증권집단소송제도 역시 효용과 폐해를 둘러싸고 격심한 논쟁을 거쳤다. 저자는 어떤 제도라도 장점과 단점이 있다고 생각한다. 이제는 장점을 살리되 단점을 최소화해 나가는 지혜가 필요한 시점이라고 생각한다.

이 책의 상당 부분은 저자가 스탠퍼드 로스쿨에 머무르고 있을 때 쓴 것이다. 당시는 법률이 제정되기 전이었기 때문에 주로 법률안을 중심으로 집필했으나, 법률제정으로 부분적으로 손을 보았다.

아무쪼록 이 책이 증권집단소송에 관심이 있는 독자들에게 작은 도움이나마 줄 수 있었으면 하는 바람이다. 미흡한 점은 후일 보완할 것을 약속한다.

　이 자리를 빌려 저자에게 많은 도움을 준 분들께 감사드리고 싶다. 중요한 결정 고비마다 조언을 해주시는 한국증권법학회 명예회장이신 법무법인 세종의 신영무 변호사께 진심으로 감사드린다. 또한 저자가 미국에서 연구에만 전념할 수 있도록 경제적 도움을 주신 한국증권법학회 회장 한양대학교 이철송 법과대학장과 부회장이신 법무법인 세종의 송웅순 변호사께도 감사드린다. 또한 연구에만 전념할 수 있도록 경제적으로 많은 도움을 주었던 김동석 선배, 신현호 선배, 김경식 선배, 차동래 선배, 친구 강일과 자균, 후배 서욱과 헌준의 깊은 사랑과 우정에 깊이 감사드린다. 또한 미국 산 호세 임마누엘 장로교회의 손원배 목사, 홍수열 집사 내외분, 김철수 집사 내외분은 정말 많은 도움을 주셨다. 이 분들께도 감사드린다. 또 KIN의 김우경 이사장, 그 외 박현교 박사 내외분의 도움에도 감사드린다.
　그리고 중학교 교사로서 직장생활을 하면서 시부모님을 극진히

모시고 살면서도 불평 한마디 하지 않는 아내에게 진심으로 고마운 마음을 전한다. 또 못난 자식의 뜻에 늘 동조하시면서 뒷바라지하느라 고생을 참 많이 하신 아버지와 어머니께도 감사드린다.

이 책의 출간을 쾌히 승낙해 주신 도서출판 파피에 강인수 대표의 앞날에도 많은 발전이 있기를 기원한다.

2005년 봄을 기다리며…

저자 씀

차 례

제1부 증권집단소송의 모든 것

제1장 총칙

제2부 미국의 증권집단소송 사례들

1부

증권집단소송의 모든 것

Q-1

증권집단소송이란?

분식회계, 내부자거래, 시세조종 등의 결과로서 특정한 증권의 매매 그밖의 거래과정에서 다수인에게 피해가 발생한 경우 제기되는 손해배상청구소송이다.

집단소송은 많은 사람들이 공통된 행위로 손해를 입은 경우 효과적으로 소송을 제기하기 위하여 이용되는 법적 절차이다. 예를 들면, 미국에서는 가격고정 음모(독점금지), 사기적인 주가조작(증권), 그리고 석유 유출로 많은 사람이 사망했다는 사실을 주장하는 사안 등에서 이용되고 있다.

집단소송에서는 선정된 한두 명의 대표원고가 소송의 전 과정을 통하여 마찬가지로 권리를 침해당한 모든 사람들을 대신한다. 일반적으로 잠재적 집단구성원들은 통지를 받은 후에 자신들을 집단(총원 : 전체 피해자)에서 제외할 수 있는 선택권을 갖게 된다.

집단소송절차는, 개인이 소송을 제기하기에는 너무 비싸고 비효율적이지만, 가치가 있는 사건들을 소제기할 수 있게 해준다. 또 개별 집단구성원들이 입은 손해가 상대적으로 소액인 데다 개별 소송에 들어가는 비용과 입증책임이 크므로 집단구성원들이 개별적으로 자신들에게 가해진 부정행위에 대하여 손해배상을 청구하는 것을 어렵게 하고 있다.

우리나라 증권관련집단소송법에 따르면, 증권집단소송은 "유가증권신고서 및 사업설명서의 허위기재, 사업보고서·반기보고서 및 분기보고서의 허위기재, 미공개정보를 이용한 내부자거래, 시세조종과 감사인의 부실감사의 결과로서 특정한 증권의 매매 그 밖의 거래과정에서 다수인에게 피해가 발생한 경우 제기되는 손해배상청구소송"이다.

그러한 소송은 증권법 위반행위가 인위적으로 주가를 상승시킨 기간 동안 주식을 매수하여 경제적인 손실을 입은 모든 사람들을 대신해 '대표당사자'로 불리는 1명의 투자자 또는 몇 명의 투자자들에 의해 제기된다.

증권집단소송은 기업의 허위설명이 주가를 상승시킨 기간 동안 주식을 매수한 모든 사람들을 대신해 적어도 한 명의 선정된 원고에 의해 개시된다. 그러나 물론, 누군가가 소를 제기하지 않는다면 누구든 어떤 손실도 회복할 수 없다.

개별 투자자의 손실은 개개인에게는 아주 중요하겠지만, 때로 손실액은 개인이 소를 제기할 만큼 거액이 아닌 경우가 많다. 피해자인 개별 투자자들은 소송에 드는 변호사 비용이 더 클지도 모를 위험을 감수해야 하는 것이다. 개별 투자자는 피고가 될 기업으로부터 효과적인 손해배상을 받을 수 있는 금전적 능력이 부족하다. 왜냐하면, 기업들은 유능한 변호사와 쟁쟁한 전문가들을 동원하는 데 엄청난 비용을 쓸 수 있기 때문이다. 다시 말해 다윗과 골리앗의 싸움이 되는 것이다.

이에 기초하여 동등한 수준에서 게임을 할 수 있도록 할 필요성에서, 입법자들은 개별 주주들의 그룹이 막강한 재정적인 힘을 갖고 있는 기업과 대항하기 위해 단결할 수 있는 제도인 '집단소송'이라는 개념을 만들어 냈다. 이것은 "무기평등"을 실현하기 위한 제도인 것이다.

없다.

대표당사자가 되기를 원하여 소송허가신청서를 법원에 제출하지 않은 집단구성원으로서 당신은 아무런 의무도 없다. 소송이 원고집단에 유리하게 해결된다면, 집단구성원들은 화해 또는 판결의 내용에 따라 손실액을 수령하기 위한 방법에 관해 지시하는 통지와 신청서 서식을 받게 된다. 당신 명의로 주식을 보유하고

기업회계기준(business accounting standards) 기업회계와 심사의 통일성과 객
관성을 부여할 목적에서 제정한 회계원칙. "일반적으로 인정된 회계원칙"의 중심적
규정으로 1959년 "기업회계원칙과 재무제표규칙"이 제정, 시행되다가 1981년 "기업
회계기준"으로 일원화됨으로써 통일된 회계제도로서 정립되었고, 1990년에 개정되
어 지금에 이르고 있다. 기업회계기준은 제1조에 규정된 바와 같이 주식회사의 외부
감사에 관한 법률(외감법이라고 함) 제13조에 의거 제정되어 법률의 성격을 띠고 있
다. 주식회사에 관하여는 상법에 대해서 특별법적 지위에 있으므로 상법에 우선하여
적용된다. 이것은 다른 나라의 경우 민간기구에 의해 회계규정이 제정되어 자율적인
규제의 성격을 지니는 것과 대조된다.
이같은 통일된 기업회계기준이 제정된 것은 본래 회계가 재무제표라는 거래기록을
기초로 실무상 관습화된 회계처리방식에 따라 작성되기 때문에 경영자의 주관적 판
단에 의존하는 경향이 강하므로, 이와 같은 개인의 주관적인 요구가 개입된 기업회
계를 가능한 한 객관화하여 재무제표가 통일적으로 보고될 수 있도록 하는 회계처리
기준의 필요성에 부응하기 위한 것이다.

있다면, 이 통지를 받을 것이다. 그러나 주식 명의가 증권업자로 되어 있다면, 고
지는 그것을 구성원에게 보낼 의무를 갖고 있는 구성원의 브로커가 받게 된다.

Q-1-2 집단의 구성원인 나는 제소당하고 있는 회사의 주식을 매도할 수 있나?

매도할 수 있다.

소송에 참가하기 위한 피해기간이 만료된 이후에 주식을 소유하는 것은 상관없
다. 대부분의 집단들은 손해를 입은 날짜인 ○○년 ○월 ○일부터 ○○년 ○월
○일까지 주식의 모든 매수인들을 포함하기 위하여 정의된다. 그래서 일반적으로
집단구성원을 결정하는 것은 매도시기가 아니라 매수시기다.

Q-1-3 주식을 매도한 경우에도 집단소송을 제기할 수 있을까?

제기할 수 있다.

증권집단소송에서 타당한 주장은 주식이 매도될 때에 달려 있다. 당신이 피해기간 동안 주식을 매수하고, 주장되고 있는 증권범죄 결과로 손실을 입었다면, 주식을 매도했더라도 소를 제기할 수 있다.

Q-1-4 내게 어떤 위험이 있을까?

승소하지 못했을 경우, 손실을 회복할 수 없다.

그것말고는 아무 위험도 없다.

Q-2 증권집단소송이 일반 민사소송보다 유리한 점은?

기업을 상대로 개별 소송을 제기할 수 없는 사람들이 개별적으로 변호사를 선임하지 않고, 많은 비용을 발생시키지 않고 손해회복을 할 수 있게 해준다.

증권집단소송은 소액투자자들이 돈과 권력을 갖고 있는 기업들과 동등한 게임의 장에서 소송을 할 수 있는 수단이다. 집단소송은 기업을 상대로 개별적으로 소를 제기할 수 없는 사람들로 하여금 개별적으로 변호사를 선임하지 않고, 또 많은 소송비용을 발생시키지 않고 손해회복을 할 수 있게 해준다.

증권집단소송에서 피고는 대개 기업이 되겠지만, 회계법인, 증권회사나 법무법인도 피고가 될 수 있다. 또 기업의 임원이나 회계법인의 임원, 증권회사의 임원들도 피고가 될 수 있다.

증권집단소송은 기업의 증권을 매수한 수천 명의 개인들(개인투자자들)과 기관들(기관투자가들)에게, 증권법 위반에 책임이 있다고 주장하는 투자자들이 제기한 소송에 대항하기 위한 막대한 자원을 갖고 있는 거대 기업들과 동등한 게임(소송)을 수행할 능력을 부여한다. 집단소송에서는 개별 소송을 제기하지 않은 많은 사람들이 자신들을 위해 소송을 진행할 대표당사자에게 의존한다.

기업과 기업 경영진이 기업의 비즈니스나 재무상황에 관한 중요한 사실을 허위 공시한 경우(이 공시가 행해지기 전에 비해 주가를 상승시키는 데 영향을 미친 경우) 증권집단소송을 제기할 수 있다.

증권시장에서 주가가 갑자기 큰 폭으로 하락했을 때, 종종 그것은 기업에 관한 불리한 정보가 퍼졌을 때다. 물론, 이 정보는 시장에서 아주 유용한 것이다. 때로, 조사를 통해 중요한 사실이 투자자들에게 공시되기 이전에 이 사실을 경영진이 잘 알고 있었고, 정보를 공시하기 전에 이미 자신들의 주식을 팔아치웠음이 밝혀지곤 한다.

미국에서는 투자자가 증권집단소송 제기 가능 여부를 결정하기 위해 전문 법률회사(로펌)의 경험과 기술을 이용할 수 있다. 전문 법률회사는 무료로 의심스러운 상황을 조사해 준다.

Q-2-2 집단소송에서 당신이 취해야 할 조치는?

개인이 특별한 조치를 취할 필요는 없다.

대부분의 경우 집단소송에 참가하기 위해 당신이 특별한 조치를 취할 필요가 없다. 반대로, 집단소송에서 자신을 제외시켜 주기를 바라는 사람들이 조치를 취해야 한다. 집단소송에 참가함으로써 당신은 많은 목적을 달성할 수 있다. 우선 자신이 입은 손해에 대한 보상을 받을 수 있다. 또 유사하게 손해를 입은 집단의 총원에 포함됨으로써, 주장되고 있는 손해가 실질적이고 회복 가능하며, 또 손해의 회복 가능성을 증대시키고자 하는 다른 구성원들에게 영향을 줄 수 있다. 집단에 참가하는 데 필요한 비용은 판결절차에서 나온다. 집단소송 담당 변호사는 성공사례금에 기초해 활동하고, 성공적인 문제해결에 기초해 사례금을 받게 된다.

Q-2-3 집단소송에 드는 개인의 비용은 얼마일까?

개인은 한푼도 지불하지 않아도 된다.

집단소송에 참가하는 데 얼마의 비용이 들까? 한푼도 들지 않는다. 소송 결과에 관계없이 어떤 집단구성원도 돈을 지불할 필요가 없다.

미국의 경우, 소송관련 비용은 변호사들이 속한 법무법인이 지급하고, 성공사례금에 기초해 모든 법률 서비스를 제공한다. 변호사가 집단구성원을 대리해 손해회복을 받는 데 성공했다면, 변호사 비용을 지급받기 위해 법원에 신청한다. 변호사들이 받는 비용은 법원에 달려 있다. 우리나라의 경우, 변호사 보수는 대법원 규칙으로 정하게 되어 있다.

미국의 경우를 좀더 자세히 보자. 일반적으로 미국의 변호사들은 사건이 성공했을 경우에만 법원의 명령에 따라 보수를 지급받는다. 승소하지 못하면 지급받지 못한다. 집단소송사건을 심리한 판사는 변호사가 집단의 총원을 대신하여 제출한 보수신청서를 검토한다. 이 신청서는 변호사가 집단을 대리하여 행한 일들을 상세히 기록하고 있다. 이 신청서를 근거로, 법원은 변호사에게 지급할 금액을 정하는 명령을 내린다. 변호사 보수를 결정하는 기준은, 업무의 질, 판결 결과의 성질, 사건에 들인 시간, 관련된 위험 등이다.

Q-3

집단소송에는 어떻게 참가할까?

두 가지 방법이 있다.

첫째, 한 개인투자자가 소송을 제기하는 것

둘째, 개별 투자자들이 현존하는 소송에 참가하는 것

개인투자자들이 집단소송에 참가할 수 있는 방법은 다음과 같이 두 가지이다.

첫째, 한 명의 개인투자자가 소를 제기하는 것이다. 이 경우 개인투자자는 변호사를 선임해야 한다. 법률이 변호사 강제주의를 택하고 있기 때문이다. 변호사는 증권법 위반행위에 관한 조사를 하여 위반

행위를 발견하면 투자자를 대리해 소장을 제출한다.

둘째, 개별 투자자들이 현존하는 소송에 참가하는 것이다. 증권집단소송의 고지는 잠재적인 집단구성원들에게 알리고 그들에게 참가할 기회를 주기 위하여 개별 통지 등 구성원 모두에게 주지시킬 수 있는 적당한 방법으로 해야 한다. 고지내용은 전국을 보급지역으로 하는 일간신문에 게재해야 한다.

법원은 집단소송의 허가결정을 하기 이전에, 향후 허가될 집단소송에서 당사자들로 정해질 많은 구성원들이 있을 것이라는 결론을 내려야 한다. 기술적인 어려움 때문에 집단구성원이 소송에 참가하지는 않지만, 제외신고를 하지 않음으로써 집단소송에 참가하는 것이 된다. 집단구성원은 고지된 제외신고기간 이내에 서면으로 법원에 제외신고를 할 수 있다. 제외신고를 한 사람은 개별적으로 소를 제기할 수 있다.

참가할 필요없다.

고지된 피해기간(예를 들면 내부자가 미공개정보를 이용하여 내부자거래를 한 기간, 또는 주가조작이 있었던 기간 등) 동안 문제의 증권을 매수한 투자자는 누구나 자동적으로 집단구성원이 된다. 그러나 제외신고를 한 사람은 판결의 이익을 받을 수 없다.

Q-3-2 나는 집단소송에 참가해야 하나?

그렇지 않다.

그러나 보통은 참가하는 것이 당신에게 이익이 된다. 당신이 대표당사자로 활동을 하든 하지 않든, 당신의 참가는 통지를 받는 주주명단에 들어가는 것을 보장한다. 또 당신은 개별적으로 소를 제기할 수 있는 권리를 갖는다. 그러나 경제적인 관점에서 그렇게 하는 것이 효율적이지는 않다.

Q-3-3 피해기간 전후에 추가로 증권을 매수했다면 증권집단소송에 참가할 수 있을까?

그렇다.

집단소송은 피해기간 동안 ○○사의 주식과 공개적으로 거래되는 채권 등 공개적으로 거래되는 ○○사의 증권 매수자를 대신하여 청구를 주장하는 것이다. 피해기간 동안 위와 같은 ○○사 증권을 매수했다면 당신은 집단에 참가할 수 있지만, 피해기간 이전 또는 이후에 ○○사의 증권 매수자를 위한 청구는 현재의 사건청구에 기초한 보상에는 해당되지 않는다.

Q-4

왜 증권집단소송제도를
도입했을까?

소액투자자들의 집단적 피해를 보다 효율적으로 구제하고, 기업경영의 투명성을 높이기 위해서이다.

우리나라도 경제가 성장함에 따라 집단적 피해 사례가 증가하고 있지만, 이에 대한 효과적인 구제수단이 없어 집단소송제도를 도입하려는 노력이 있어 왔다. 증권집단소송제도를 도입하기 전까지 우리나라에는 피해자는 다수이나 피해액은 소액인 집단적 분쟁을 효과적으로 해결할 수 있는 수단이 없었다. 기존의 공동소송제도나 선정당사자제도 등은 권리구제 절차가 복잡하고 비용이 많이 들기 때문에 피해자들이 권리주장을 포기하곤 했다.

증권집단소송제도를 도입한 이유는 증권시장에서 발생하는 기업의 분식회계·부실감사·부실공시·주가조작·내부자거래와 같은 각종 불법행위로 인해 다수 소액투자자들이 재산적 피해를 입은 경우, 현행 소송구조로는 소액투자자들이 손해배상청구의 소를 제기하기 어렵고, 다수의 중복소송으로 인하여 소송불경제가 야기될 우려가 있기 때문이다. 즉, 소액투자자들의 집단적 피해를 보다 효율적으로 구제하고, 기업경영의 투명성을 높이기 위해서이다.

Q-4-1 집단소송제도는 공동소송제도와 어떻게 다를까?

민사소송법에서 공동소송은 하나의 소송절차에 여러 명의 원고 또는 피고가 관련하고 있는 소송형태를 말한다. 공동소송은 각 당사자의 청구가 관련이 있는 경우에 허용되므로 공해의 피해주민이 다수인 경우에는 그들이 공동으로 원고가 되어 가해기업을 상대로 공해물질의 배출금지를 구하거나 손해배상을 구하는 소송을 제기할 수 있다. 그러나 이런 경우, 수많은 피해자가 모두 원고로서 법정에 출석해야 하고, 법원도 개인에게 일일이 소환장을 보내야 하므로 당사자와 법원 모두에게 부담이 된다.

또한 통상의 공동소송에서는 공동소송인독립의 원칙이 인정된다. 따라서, 당사자 중 일부가 출석하지 않거나 열심히 소송을 수행하지 아니하면 패소하게 되어, 같은 피해자 중에서 일부는 승소, 일부는 패소하는 모순이 생길 수 있다. 더군다나 통상의 공동소송의 경우는 소송자료의 통일이나 소송의 진행, 공동소송의 강제도 되지 않으므로 집단소송의 목표 중 하나인 분쟁의 일거해결도 힘들다.

특히 통상의 공동소송은 개개 당사자가 자신의 소송을 하는 것이므로 분쟁 당사

〈표 1〉 선정당사자, 주주대표소송과 증권집단소송

	선정당사자	주주대표소송	증권집단소송
소송의 대상	민사상의 모든 불법행위	이사 등의 정관위반행위, 임무를 게을리하여 손해를 발생케 한 행위	허위공시, 시세조종, 내부자거래, 분식회계 등으로 한정
소송을 제기할 수 있는 자	선정당사자	주식지분율 1% 이상 보유주주. 단, 상장기업이나 코스닥 등록기업의 주식을 6개월 동안 0.01% 보유해야	모든 주주. 다만 대표원고가 소송수행
소송 대상자 (피고가 되는 자)	피해의 원인제공자	이사, 감사 부당한 이익을 제공받은 주주	임원, 직원, 외부감사인, 주요주주 등
판결의 효력	선정자 전원에 귀속	회사에 귀속	집단구성원 전원에 귀속(제외신고한 자 제외)

자의 수가 극히 많은 집단소송사건을 다룰 수가 없다. 더군다나 피해액이 적어 개개인으로서는 독립하여 소송 당사자가 되기를 꺼리는 당사자들에게는 적합하지 않다. 결국 공동소송제도는 집단적 분쟁을 처리하는 수단으로 이용할 수 있지만 해결방법에 많은 문제점이 있는 것이다.

필요적 공동소송에 해당하는 경우는 소송의 당사자가 되기를 꺼리는 구성원이 있는 한 사안을 일괄적으로 해결할 수 없고, 동종의 소송이 계속 반복되는 것을 피할 수도 없다. 특히 필요적 공동소송의 당사자 추가의 규정은 일부 당사자가 빠져서 소송 자체가 성립될 수 없는 경우만을 피해보자는 배려에서 제정된 것이므로 집단소송을 허용하는 것과는 거리가 멀다.

선정당사자제도는 각각의 피해자인 선정자가 개별적으로 선정당사자에게 수권을 하여 선정당사자가 소송을 수행하게 하는 임의적 소송담당의 하나이다.

이는 공동의 이해관계가 있는 사건에 관하여 공동으로 소송을 하려고 하는 당사자가 여러 명 있는 경우 그 다수자 중 한 명 또는 여러 명을 선출하여 선출된 사람이 다른 사람을 위하여 소송을 수행하는 자격을 취득하고, 그가 다른 사람을 위하여 소송을 수행하여 판결이 나면 그들 대표자로 선출한 다른 사람들도 그 판결의 효력을 받는 제도를 말한다(민사소송법 제49조 이하). 법원은 대표자 1인 또는 수인에게만 서류를 송달하면 되므로 사무의 번잡을 덜 수 있고, 분쟁 당사자는 일일이 법정에 출석하지 않아도 되어 편리하다.

그러나 이 제도는 전체 당사자에게 수권을 받는 것이 어려운 경우에는 사실상 소송이 불가능하다. 따라서 피해의 범위가 광범위하거나 개별 피해액의 특정이 어려운 경우에는 활용하기 곤란하다. 피해자 전원의 수권을 받지 못할 경우 결국 분쟁도 부분적이고 미봉적인 해결에 그친다는 점, 관련분쟁에 전문적 지식을 가진 단체의 능력을 활용할 수 없고, 법원의 재량이 인정될 여지가 거의 없다는 점도 문제이다.

✎ 미니 증권상식

손익계산서(income statement) 기업의 경영성과를 명확히하기 위해 영업연도 중 발생한 모든 수익과 이에 대응한 비용을 기재하고 그 기간 동안의 순이익을 표시하는 계산서를 말한다. 이 손익계산서는 대차대조표와 함께 경영활동에 의한 순손익을 계산하는 것이므로 두 계산에 의한 손손익액은 동액이어야 한다. 보고식과 계정식 두 종류가 있으며, 우리나라에서는 보고식 작성을 원칙으로 하고 있다. 또 당해연도는 물론 직전연도의 비교손익계산서 작성이 의무화되어 있는데, 기업집단 결합재무제표 작성이 대기업을 대상으로 의무화됨에 따라 기업의 손익도 크게 달라지게 될 것이다.

Q-5
증권집단소송제도는 언제부터 시행되나?

2004년 1월 공포되어 2005년 1월 1일부터 시행된다.

우리나라에서 집단소송제도 도입에 관한 논의가 본격적으로 시작된 것은 1990년대부터이다.

1990년 12월 6일부터 법무부가 학계와 법조계 실무자 등 전문가 12명으로 민사특별법 제정 특별분과위원회를 구성하여, 약 5년 6개월간 90여 회에 걸친 회의 끝에 1996년 6월 집단소송법 시안을 마련했다. 이 시안은 미국의 집단소송제도와 독일의 단체소송제도의 장점을 받아들이고 양 제도의 단점을 보완하여 민사소송법 및 행정소송법의 특별법으로서 단행법으로 작성된 것이다. 정부는 1996년 12월에 집단소송법시안을 국회에 제출하려 했으나 찬반양론이 팽팽히 맞서 결론을 내리지 못했다.

1997년 7월에는 제2차 금융개혁추진방안에서 장기계획으로 집단소송제도의 도입을 재정경제부가 제안했다. 그러나 1997년 말에 불어닥친 IMF사태에 따라 우리 경제·사회 전반에 잠재되어 있던 문제점이 노출되기 시작했고, 이에 대한 대책이 시급해지면서 집단소송제도의 도입문제는 새로운 국면을 맞이하게 되었다.

우선 1998년 3월에 증권관련기관과 학계가 주관이 되어 작성한 「열린 기업·열린 경영을 위한 제도 개선방안」에서 기업지배구조의 선진화 차원에서 집단소송제도의 도입을 제의한 바 있다. 그 후 1998년 9월에 정부는 세계은행(IBRD)과 제2차 구조조정차관 도입과 관련한 정책협의과정에서 투자자보호를 위한 집단소송법의 도입을 추진하겠다고 약속했다. 또한, 재정경제부도 1998년 11월에 증권에 관련된 경우에만 적용되는 증권관련 집단소송제도의 도입을 적극 검토하기로 방침을 세웠다.

1999년 11월 24일 국민회의의 의원입법으로 성립된 「증권관련 집단소송에 관한 법률안」이 최초로 국회법사위에 제출되었다. 이 법안은 법무부의 「집단소송법 시안」 중 미국식의 손해배상청구를 중심으로 증권거래 부문만을 대상으로 작성된 특별단행법이었다. 그러나 이 안에 대하여 법무부·금융감독위원회·재정경제부·법원행정처 등 각 부처와 관계기관이, 기업들에게 적잖은 부담을 주고, 증권시장에

도 민감한 영향을 끼치며, 특정 판결의 효력을 소송당사자가 아닌 자
에게도 미치게 하는 것은 당사자 위주의 민사소송 원칙에 위배된다
는 등의 이유로 논란을 거듭하다, 제15대 국회의 임기종료와 함께 자
동폐기되었다.

최근 대우사태, 현대그룹사태, SK글로벌의 분식회계사건 등 집단
소송의 도입 필요성을 피부로 느끼게 하는 사건들이 계속 발생하자
시민단체들이 집단소송제도 도입을 강력하게 요구했다. 2000년 10월
26일에는 참여연대가 증권관련 집단소송에 관한 법률안을 입법청원
했고, 2000년 11월 29일에는 동 입법청원안을 송영길 의원 등 여야
34명의 국회의원이 의원입법으로 발의했다.

2001년 7월 정부가 법무부 내에 증권집단소송법 제정 특별분과위
원회를 구성하고, 2001년 11월 2일 법무부는 증권집단소송 제정 공
청회를 개최했으며, 2001년 11월 17일 법무부는 증권집단소송법 제
정안을 입법예고한 후, 2001년 12월 27일 정기국회에 정부 입법안을
제출했다.

2002년 2월 26일 국회 법제사법위원회는 정부가 제출한 증권집

<표 2> 집단소송제도 제정경과

연 도	내 용
■ 집단소송제도 연구 등 제정 준비작업	
1990. 12.	법무부 민사특별법 제정 특별분과위원회 구성
1996. 6.	법무부 「집단소송법 시안」 발표 및 해설집 발간
■ 증권관련집단소송법 제정 추진	
1999. 11.	「증권관련집단소송법」 의원입법안 15대 국회 제출 2000년 5월 회기만료로 자동폐기
2000. 10.	참여연대, 증권집단소송에 관한 법률 제정안 입법청원
2000. 11.	민주당과 한나라당의 의원 34명이 참여연대의 입법청원안과 동일한 내용의 법안을 입법발의
2001. 7.	정부, 증권집단소송법 제정 특별분과위원회 구성
2001. 11.	정부, 증권집단소송법 제정 공청회 개최
2001. 11.	정부, 증권집단소송법 제정안 입법예고
2001. 12.	정부, 증권집단소송법 제정안 국회 제출
2002. 2.	국회 법제사법위원회, 정부제출 증권집단소송법안 심의
2003. 5.	국회 법제사법위원회, 증권집단소송법안 제정에 관한 공청회 개최
2003. 6.	국회 법제사법위원회 법안심사 제1소위원회, 법안 심의 시작
2003. 12.	국회 법제사법위원회 전체회의: 표결처리를 통해 법사위 심사소위안을 기본으로 하여 시행시기 등을 일부 수정한 법안 통과
2003. 12.	국회 본회의 통과
2004. 1.	공포
2005. 1.	시행

단소송법안이 국회 법제사법위원회 전체회의에 보고되고, 법제사법위원회는 추후 공청회를 열어 심의하기로 결정했다. 2003년 5월 22일 국회 법제사법위원회는 증권집단소송법안 제정에 관한 공청회를 개최했다. 2003년 6월 25일 법제사법위원회 법안심사 제1소위원회는 법안을 심의하기 시작했는데, 이 과정에서 일부 조항의 도입을 놓고 찬반논의가 매우 심했다.

　　2003년 12월 17일 이르러서야 국회 법제사법위원회 전체회의에서 표결처리를 통해 법제사법위원회 심사소위안을 기본으로 하여 시행시기 등을 일부 수정한 법안이 통과하게 되었다. 위와 같은 우여곡절을 거쳐 2003년 12월 22일에 국회 본회의에서 가결되어 정부에 이송되었으며 2004년 1월 공포되었다.

Q-6
증권분야에만 집단소송제도를 도입한 것이 타당할까?

증권사건은 소액 피해자가 다수이고, 피해자들인 주주들의 청구가 법률적·사실적인 면에서 쟁점이 공통될 가능성이 크기 때문에 우선 증권분야만 먼저 도입한 것이다.

집단소송의 대상과 관련하여 왜 증권의 소비자인 투자자를 다른 분야보다 우선적으로 보호해야 할까? 집단소송의 대상이 증권관련 분야에 국한되어야 할 필연적인 이유가 있을까라는 의문을 제기하는 견해가 있다. 이러한 발상이 법체계상 합리적이지 않다는 것이다. 왜냐하면 집단소송제도는 분야에 상관없이 동류의 원인에 의한 다수 피해자에 대한 소제기와 수행을 하나의 단일한 소송으로 묶을 필요가 있는 경우 그것을 묶어 소제기와 소송수행을 쉽고 간편하게 한다는 취지인데, 유독 증권관련 분야만 인정한다는 것은 납득할 수 없다는 것이다.

또 나아가 증권관련 분야에 국한하여 집단소송을 할 수 있도록 하고, 또한 그 소송절차에 대하여 민사소송법상의 몇 가지 규정을 배제하는 특칙으로 적용된다고 한다면 마치 증권관련 피해자들에게는 당연히 집단소송의 적격이 있는 듯 비치거나, 대상이 되는 증권관련법상의 배상청구제도가 집단소송을 제기하기 쉬운 구조인 것처럼 여겨질 가능성이 있게 된다고 하고 있다. 또한 증권관련 피해자들은 다른 전형적인 집단소송의 대상인 소비자 피해나 환경관련 피해자들보다도 적격성이 떨어진다고 보고 있다.

물론, 이 주장은 일리가 있다. 그러나 증권관련 분야가 집단소송의 대상이 되는 것에는 충분한 이유도 있다. 그 이유를 검토해 보자.

일반적으로 증권사건은 전국적으로 거래되는 증권을 포함하고 있기 때문에, 제소되는 사건들을 집단소송으로 다루기에 이상적이다.

선정된 원고들이 주장한 청구들이 동일한 사건 또는 행위로부터 발생하고 참가하지 않은 집단구성원들의 청구도 동일한 법률이론에 기초하고 있기 때문에, 쟁점의 공통성 및 전형성 요건을 쉽게 충족시킬 수 있다. 이 주주들은 일반적으로 금액이 너무 적어서 개별적인 소송을 제기하기에는 적당하지 않은 소액의 손해를 입고 있으며, 따라서 모든 집단구성원들의 병합은 거의 언제나 곤란한 것으로 여겨

진다.

선정된 원고들의 이해관계가 다른 집단구성원들의 이해관계와 모순이 없고 집단을 위한 소송대리인인 변호사들이 자신들은 자격이 있고, 경험도 있으며, 소송을 강력하게 수행할 것을 증명한다면, 그때는 적절성 요건도 쉽게 충족된다.

미국에서는 집단소송의 소를 제기하기 위해서는 다음 4가지 요건을 충족해야 한다. 이 요건들은 우리나라의 증권집단소송법의 요건과 관련해서도 타당하다고 본다. 우리 법이 미국의 증권집단소송제도를 모델로 삼고 있기 때문이다.

1. 다수성―피해자가 다수여야 한다

미국의 관련법률에서는 집단이 무엇인지 또는 집단의 구성원들이 어떻게 결정되어야 하는지를 규정하지는 않고 있다. 그러나 일반적으로 다수성 요건을 충족하기 위하여, 원고가 집단구성원의 정확한 숫자 또는 신원을 증명할 필요는 없지만, 인원이 매우 많아 병합이 곤란하다는 것을 증명해야 한다.

150명 이하의 구성원이 다수성 요건을 충족한다는 결정도 있었던 반면, 수백만 명의 집단구성원들을 포함하고 있는 집단소송도 있었다. 또한 증권소송에서의 많은 사건들처럼, 추정되는 집단이 미국 전역에 흩어져 있는 경우는 모든 집단구성원의 병합이 거의 언제나 곤란한 경우이다.

전국적으로 거래되는 증권을 포함하고 있는 증권집단소송에서,

대부분의 원고들은 집단이 다수여서 모든 구성원들을 병합하기가 곤란함을 증명하면 다수성 요건을 쉽게 충족할 수 있다.

2. 공통성—쟁점이 공통되어야 한다

미국의 관련법률은 소송이 집단소송으로서 자격을 갖기 위하여는, 집단구성원의 청구는 법률 및 사실의 공통적인 쟁점을 포함하고 있어야 할 것을 요구하고 있다. 규정은 법률 또는 사실에 관한 모든 쟁점이 각각의 집단구성원에게 공통될 것을 요구하지는 않고, 단지 어떤 문제가 공통되고 그 문제들이 그 소송에서 중심이 되면 된다.

미국의 경우 전형적인 증권집단소송에서 공통성 요건은 쉽게 충족되고 있다. 원고측이 "피고측은 공개적인 발표를 통하여 또는 중요한 사실을 공시하지 않음으로써 회사에 관한 중요한 사실을 허위로 설명했다"는 주장을 하는 경우, 이 요건은 일반적으로 충족된다.

증권법 위반에 대한 전형적인 증권집단소송에서, 집단구성원 각자의 청구는 동일한 사실관계로부터 발생하고 공통적인 법률이론에 기초할 것이다. 따라서 공통성 요건을 충족하기는 어렵지 않다.

3. 전형성—공통적인 쟁점들은 관련성이 있어야 한다

전형성 요건은 "집단 대표의 청구 또는 항변과 집단을 하나로 묶는 사실 또는 법률의 공통적인 쟁점들 사이의 관련성"을 요구한다. 원고의 청구가 다른 집단구성원들의 청구를 유발한 동일한 사건 또는 행위, 또는 행위과정으로부터 발생했고, 그리고 그들의 청구가 동일한 법률적인 이론에 기초하고 있다면 원고의 청구는 전형성을 가진다.

이 요건을 충족시키기 위하여, 선정된 원고는 집단의 실질적인 구성원이어야 하지만, 전형성은 모든 청구 또는 항변들이 동일할 것을 요구하지는 않는다. 법률적인 이론의 유사성이 강하게 존재하는 경우, 전형성 요건은 실질적인 사실이 다르더라도 충족하게 될 것이다.

일반적으로 증권집단소송에서 원고가 주장한 청구들은 동일한 사건 및 행위들로부터 생기고 소송에 참가하지 않는 집단구성원들의 청구와 같이 동일한 법률이론에 기초한다. 선정된 원고는 피고들이 모든 집단구성원들에 대하여 동일한 불법행위를 저질렀다는 것을 증명하기 위하여 노력하게 된다.

따라서, 그러한 상황에서는 대부분의 법원들이 집단의 모든 구성원들은 동일한 청구를 하고 있다고 판결하게 되며, 따라서 전형성 요건은 대체로 충족된다. 선정된 원고의 투자경험과 숙련성의 정도 및 신뢰의 정도는 일반적으로 전형성 요건을 충족시키는 데 방해가 되지 않을 것이다.

4. 대표의 적절성—대표당사자는 집단의 이익을 공정하고 적절히 보호해야 한다

선정된 원고들이 집단의 이익을 공정하고 적절하게 보호할 필요가 있다. 이것은 이중의 기준을 부과하고 있는 것으로 해석되고 있다.

① 선정된 원고들은 집단의 다른 구성원들의 이익과 공통되는 이해관계를 가지고 있어야 한다.
② 원고의 소송대리인인 변호사들은 자격과 경험이 있어야 하고, 일반적인 소송행위를 할 수 있어야 한다.

선정된 원고가 다른 집단구성원들에게 불리할지도 모르는 이해관계를 가지고 있지 않다면, 적절성 요건의 첫 번째 측면은 대체로 충족된다. 그러나 전형적인 증권집단소송에서 대표원고의 이해관계는 집단구성원의 이해관계와 공통되며, 다른 집단구성원들의 이해관계와 상반되거나 또는 불리하지 않다. 그러한 상황에서는, 선정된 원고들의 이해관계는 소송에 참가하지 않는 집단구성원들의 이해관계와 직접적으로 일치하기 때문에 적절성 요건은 충족된다. 각각의 원고는 동일하게 주장된 행위에 의하여 손해를 입었으며, 그리고 각각의 원고는 가능한 한 최대한의 손해회복을 하고자 하는 집단의 구성원들의 이해관계와 정확하게 일치한다.

적절성 요건의 두 번째 측면인 소송대리인인 변호사의 자격을 보자. 선정된 원고의 변호사들은 자신들이 집단소송을 수행할 자격이 있고 경험이 있음을 제시해야 한다. 집단 대표의 적절성을 결정할 때, 법원은 집단 대표가 아니라 집단을 위한 소송대리인인 변호사에게 주의를 집중해야 한다.

따라서 선정된 원고들의 이해관계가 다른 집단구성원들의 이해관계와 모순이 없고, 집단을 위한 소송대리인인 변호사들이 자신들은 자격이 있고 경험도 있으며 소송을 강력하게 수행할 것을 증명한다면, 적절성 요건도 쉽게 충족된다.

Q-7 증권집단소송의 대상이 되는 행위는 무엇일까?

1. 유가증권신고서 · 사업설명서의 허위 · 부실기재행위

2. 사업보고서 · 반기보고서 및 분기보고서의 허위 · 부실기재행위

3. 미공개정보를 이용한 내부자거래행위 및 시세조작행위

4. 감사인의 분식회계 · 부실감사행위

증권집단소송을 이용하여 손해배상청구를 할 수 있는 경우는 다음
네 가지이다.

1. 유가증권신고서 · 사업설명서 중 허위의 기재 또는 표시가 있
   거나 중요한 사항이 기재 또는 표시되지 아니함으로 인한 손
   해배상청구

   증권거래법에 따르면, 유가증권의 모집이나 매출시에는 투자자보
호와 건전한 자금조달을 위해 당해 유가증권과 회사의 내용을 기재
한 서류를 금융감독위원회에 제출하고 그것을 수리한 날로부터 일정
한 기간이 경과해야 모집이나 매출을 할 수 있다. 이때 금융감독위원
회에 제출하는 서류가 유가증권신고서이다.

   한편, 사업설명서(예비사업설명서와 간이사업설명서 포함)란, 유
가증권의 청약을 권유할 때 투자자에게 제공하는 청약권유문서로서,
상법상의 주식청약서나 사채청약서를 보완한 것이다. 실질적으로 유
가증권의 투자만을 목적으로 발행인이 기업내용에 대한 정보를 담은
문서 또는 자료 모두 사업설명서에 해당한다고 보아야 하고, 따라서
투자안내서, 회사설립취지서, 증자설명서 등은 사업설명서라는 명칭
을 사용하지 않더라도 그 자체로 사업설명서이다.

2. 사업보고서 · 반기보고서 · 분기보고서 중 허위의 기재 또는
   표시가 있거나 중요한 사항을 기재 또는 표시하지 아니함으
   로 인한 손해배상청구

   반기보고서는 사업연도가 1년인 상장법인이 그 사업연도 개시일
부터 6개월째 되는 날에 가결산을 하여 재무상태와 6개월 동안의 경
영성과를 요약한 서류이다. 반기보고서는 반기경과 후 45일 안에 금

사업보고서 회사의 개황, 사업의 내용, 재무에 관한 사항, 외부감사인의 감사의견 등을 기록하여 작성한 보고서를 말한다. 증권거래법에 의하면 상장법인 또는 협회등록법인은 각 사업연도 경과 후 90일 이내에 금융감독위원회와 증권거래소 또는 협회에 동 보고서를 제출하도록 되어 있다.

융감독위원회와 증권거래소에 제출해야 한다. 이 반기보고서는 회계연도의 사업보고서와 함께 중요한 공시자료가 된다.

사업보고서는 1년, 분기보고서는 3개월마다 제출해야 한다.

3. 미공개정보를 이용한 내부자거래 또는 시세조작행위로 인한 손해배상청구

내부자거래란 회사의 임·직원, 주요주주 또는 회사와 밀접한 관계가 있는 자가 일반인에게 공개되지 않은 중요한 정보를 이용하여 당해 유가증권을 매매·거래하는 행위, 즉 투자판단에 중요한 영향을 미칠 수 있는 미공개정보를 공시하지 않고, 혼자 이용하여 부당한 이득을 취하거나 손실을 회피하는 행위를 말한다.

내부자는 회사의 임·직원, 임·직원의 친구들, 사업상 동업자, 가족 등이 있다. 또한 미공개 중요 정보를 취급하는 변호사, 은행, 증권회사, 정부관리들, 사용자로부터 미공개 중요 정보를 수령하여 이용하는 사람 등도 내부자에 해당한다.

한편 시세조작(주가조작, 시세조종)이란 증권시장에서 가격이나 거래동향을 조작하는 행위, 즉 특정 유가증권에 대한 시세나 거래량을 인위적으로 변동시킴으로써 시세차익을 얻고자 하는 행위이다. 이는 증권시장의 공정성과 신뢰성을 해치는 행위로서 금지되어 있다.

4. 감사인의 분식회계 또는 부실감사로 인한 손해배상청구

분식회계(window dressing)의 원래 의미는 "커튼 등으로 창문을 치장한다"로, 장식이나 치장을 하여 외부에서 집안을 들여다볼 수 없게 한다는 뜻에서 나온 말이다. 즉, 분식회계란 회계를 하는 경우 고의로 자산이나 이익을 부풀려 계산하는 회계처리를 가리킨다. 기업이 자산이나 이익을 실제보다 과장하여 재무제표상의 수치를 왜곡·날조하는 이유는 자금조달을 원활히 하고 이익을 내기 위해서이다.

증권집단소송법에서는 발행시장과 유통시장의 대표적인 공시서류(유가증권신고서, 사업설명서 및 사업보고서, 반기보고서 및 분기보고서)의 허위기재 및 부실기재행위, 미공개정보를 이용한 내부자거래행위와 시세조작행위, 감사인의 분식회계와 부실감사행위를 적용대상으로 하고 있다.

그러나 미국의 입법은 어떤 제한을 두고 있지는 않다. 그럼에도 불구하고 제기된 집단소송의 건수는 내부자거래와 분식회계에 집중되어 있다. 미국의 집단소송제도는 시간이 흐름에 따라 발전했고, 현재는 증권법 위반사건, 소비자 사기와 관련된 사건, 고용자 이익 분쟁, 환경에 관한 사건들이 주를 이루고 있다. 우리나라는 증권거래법에 손해배상의 특칙이 정해진 위법행위에 대하여 집단소송을 허용하고 있다.

사기꾼 십계명

이 '사기꾼 십계명'은 20세기 국제적인 협잡꾼들 중 한명으로, 25개의 별명을 갖고 있었던 비스터 루스티히 백작으로부터 유래한 것이다.

백작의 가장 기막힌 사기는 프랑스의 에펠탑을 판 것이었다. 에펠탑 유지비가 프랑스 정부에게 매우 부담이 되고 있다는 기사를 파리에서 읽은 뒤, 비스터 루스티히 백작은 몇몇 정부문서를 위조한 다음 자신이 정부관리인 양, 에펠탑을 살 사람을 고르기 위한 비밀회의에 고철상을 수집하는 유럽의 부호 5명을 불러모았다. 그는 5명의 부호 각각을 에펠탑을 둘러보게 하고, 가장 적절한 사람을 고른 후, 위조한 정부문서에서 정했던 가격으로 에펠탑을 팔았다.

그 후 그는 다른 나라로 도주했으며, 에펠탑을 산 피해자는 너무나 부끄러워 이 사실을 폭로할 수 없었다. 1년 뒤, 백작은 프랑스로 돌아왔고 똑같은 방식으로 에펠탑을 다른 사람에게 팔았다. 이 두 번째 피해자는 백작의 범죄를 폭로했기 때문에 세 번째 피해자는 나오지 않았다.

비스터 백작의 사기꾼 십계명

1. 끈기있게 들어주는 경청자가 되라(사기꾼이 대성공을 하기 위해서는 이것이 필요하다).
2. 지루하게 보이지 마라.
3. 상대방이 정치적인 견해를 드러내는 것을 기다렸다가 그 견해에 동의해 주어라.
4. 상대방이 종교적인 견해를 드러내게 한 뒤, 그 견해에 동의해 주어라.
5. 섹스 이야기를 하도록 힌트를 주어라. 그러나 상대방이 섹스 이야기에 강한 관심을 보이지 않는다면 더 이상 유도하지는 말라.
6. 특별한 관심을 보이지 않는다면, 질병에 관한 이야기는 하지 말라.
7. 상대방의 개인사를 꼬치꼬치 캐묻지 말라(결국 그들은 당신에게 모든 것을 말하게 될 것이다).
8. 당신의 중요성을 떠벌리지 말고 조용하고도 은밀히 드러나도록 하라.
9. 지저분하고 흐트러진 모습을 보이지 마라.
10. 술취한 모습을 보이지 마라.

Q-8

내가 증권범죄의 피해자인지를 어떻게 알 수 있을까?

단기간의 갑작스런 주가의 하락, 또는 회사가 일반 공중에게 허위정보를 공시할 때, 또는 공시의무가 있는데 침묵하고 있을 때는 증권범죄의 피해자가 될 가능성이 크다.

증권범죄는 대부분 미리 적발하기가 어렵다. 대부분의 투자자들도 손실에 직면하게 될 때까지 부정행위의 가능성을 고려하지 않고, 또 믿으려 들지 않는 경향이 있다. 시장은 자연스럽게 변동하기 때문에 투자자가 입은 모든 손실이 사기를 당했다는 것은 아니지만, 그것은 관심을 불러일으켜야 하고, 그 이상의 조사를 위한 동기로서 작용한다.

그렇다면, 증권범죄의 징후에는 어떤 것이 있을까.

① 단기간의 갑작스런 주가의 하락
② 회사에 의한 비행의 발표(수익의 정정발표, 회계부정 또는 기
　타 불법행위 등)
③ 사전에 공표된 예상치와 현저히 다른 재무실적
④ 이전의 설명과 일치하지 않는 중요한 사실의 폭로
⑤ 합병(증권범죄는 언제나 주가의 갑작스러운 폭락에 달려 있는
　것은 아니다. 예를 들면, 그것은 합병과 관련하여 합병하는 두
　회사 중 한 회사의 주주들에게 불공평한 가격과 관련하여 일어
　날 수도 있다. 합병을 위한 결정은 합법적인 경영판단의 법칙
　의 범위 밖에 있을 수도 있다는 이야기이다.)
⑥ 내부자거래
⑦ 시세조종
⑧ 회사가 일반 공중에게 허위정보를 공시할 때, 또는 공시의무가
　있는데 침묵하고 있을 때

때로는 직감을 믿어야 한다. 무엇이 옳고 그른지를 결정할 때 당
신 자신을 믿어야만 한다. 외관상으로 증권범죄는 언제나 명백하게
드러나는 사건이 아닐 수도 있다. 당신이 투자하고 있는 기업이 뭔가
잘못되어 가고 있는 것 같다면, 당신은 기업에 아무 문제가 없거나
또는 기업이 어떤 증권범죄를 저질렀음을 알아낼 때까지 그 문제를

추적할 필요가 있을 것이다.

그렇지 않다.

증권거래법상의 책임은 민사책임과 형사책임으로 구분되어 있다. 증권집단소송 법상의 제소대상 행위 중 일부에 대하여는 민사책임과 더불어 형사책임도 물을 수 있지만, 일부행위에 대하여는 형사책임을 물을 수 없는 경우가 있다. 즉 유가증권신고서, 사업보고서, 반기보고서 및 분기보고서의 중요한 사항을 허위기재하는 행위, 미공개정보를 이용한 내부자거래, 시세조작행위에 대하여는 민·형사책임을 함께 물을 수 있다.

부실감사의 경우 감사인이 감사보고서에 기재해야 할 중요 사항을 기재하지 아니하거나 허위기재를 한 행위에 대하여도 증권거래법상 민사책임과 함께 주식회사의 외부감사에 관한 법률상 형사책임을 물을 수 있다.

유가증권신고서, 사업보고서, 반기보고서 및 분기보고서에 중요한 사항의 기재 또는 표시를 누락하는 행위, 사업설명서의 허위 및 부실 공시행위 등의 경우는 형사책임을 물을 수 없다.

수사기관의 엄정한 수사를 거쳐 확인된 불법행위만을 대상으로 증권집단소송을 허용하면, 증권집단소송에서 원고측 입증도 용이할 것이다. 하지만 증권집단소송은 민사상 피해구제를 위한 제도로서 형사절차와는 제도의 이념과 목적이 다르므로 형사소추를 전제로 한 증권집단소송을 제기할 수 있도록 하는 것은 이론상 불합리하다. 따라서 형사소추되지 않는 행위에 대하여도 증권집단소송을 제기할 수 있다. 증권집단소송의 적용대상 행위를 형사소추된 경우로 제한하는 것은 헌법상의 재판청구권에 대한 부당한 제한이 될 것이다.

피자 배달부가 배달을 거부한 까닭은?

FBI 요원들이 샌 디에고에 있는 정신병원을 급습하여 의료보험사기에 관한 조사를 벌이고 있었다. 몇 시간 동안 엄청난 분량의 의료기록을 검토한 후, 수십 명의 FBI 요원들은 허기를 느꼈다. 조사를 담당하고 있던 한 요원이 동료들을 위해 피자가게에 전화를 걸었다.

다음은 FBI가 녹음한 내용이다. FBI는 그 정신병원의 모든 통화를 녹음하고 있었다.

FBI 요원 : 여보세요. 피자 19개 하고 캔음료 67개 갖다주세요.

피자 배달부 : 어디로 배달해 드릴까요?

FBI 요원 : 여기는 정신병원이에요.

피자 배달부 : 정신병원이라고요?

FBI 요원 : 예, 그렇습니다. 나는 FBI 요원이거든요.

피자 배달부 : FBI 요원이라고요?

FBI 요원 : 예, 그렇습니다. 모든 요원들이 여기 있답니다.

피자 배달부 : 당신들 모두가 정신병원에 있다고요?

FBI 요원 : 예, 그렇다니까요. 당신은 정문으로는 들어올 수 없어요. 우리가 정문을 폐쇄했거든요. 당신은 피자를 가지고 뒤쪽 종업원 전용문으로 들어와야 합니다.

피자 배달부 : 당신들 모두가 FBI 요원이라고요?

FBI 요원 : 예, 그렇습니다. 시간이 얼마나 걸릴까요?

피자 배달부 : 정신병원에 있는 모든 사람이 FBI 요원이라고요?

FBI 요원 : 예, 그렇다니까요. 우린 여기 하루 종일 있어서 배가 너무 고프답니다.

피자 배달부 : 그런데, 피자 대금은 어떻게 지불하실 겁니까?

FBI 요원 : 수표를 가지고 있어요.

피자 배달부 : 그런데, 당신들 모두가 FBI 요원이라는 게 정말입니까?

FBI 요원 : 예, 현재 여기 있는 모든 사람이 FBI 요원입니다. 당신은 뒤쪽 종업원 전용문으로 피자와 음료를 가지고 와야 하는 것을 기억할 수 있지요? 우리가 정문을 폐쇄했거든요.

피자 배달부 : 그렇게는 못하겠습니다.

Q-9

증권집단소송법의 적용대상 기업은?

자산총액 2조원 이상 상장기업과 등록기업은 2005년 1월 1일부터, 자산 총액 2조원 미만 상장기업과 등록기업은 2007년 1월 1일부터 제소대상이 된다. 단, 2조원 미만 기업이라도 내부자거래와 주가조작은 2005년 1월 부터 제소대상이 된다.

증권집단소송법은 2005년 1월 1일부터 시행된다.

그런데 증권집단소송법 부칙 제3조에 의하면, 증권집단소송법 시 행일을 기준으로 직전 사업연도말 현재 자산총액 2조원 미만인, 증권 거래법 제2조 제13항 제3호의 규정에 의한 주권상장법인(유가증권시장에 상장된 주권을 발행한 법인) 또는 동법 제2조 제15항의 규정에 의한 협회등록법인(코스닥시장에 상장된 유가증권을 발행한 법인)이 발행한 유가증권의 매매 그 밖의 거래로 인한 손해배상청구로서 제3조 제1항 제1호·제2호 및 제4호의 규정에 의한 손해배상청구에 대하여는 2007년 1월 1일 이후 최초로 행해진 행위로 인한 손해배상청구분부터 증권집단소송법을 적용한다고 하고 있다.

이것은 제소대상 기업을 현재 국가경제정책의 일반적 대상기준, 예컨대 주권상장법인 또는 협회등록법인의 사외이사 선임 및 감사위원회 설치의 기준으로 적용되고 있는 최근 사업연도 말 현재 자산총액 2조원 이상의 기업으로 한정하되, 시세조작행위·미공개정보 이용행위는 가장 악의적이고 피해가 큰 불법행위이며 그 피해는 기업의 규모가 작을수록 오히려 클 것이라는 점을 감안하여 기업규모와는 무관하게 집단소송의 대상이 될 수 있게 한 것이다.

따라서 자산 2조원 이상인 기업의 경우, 2005년 1월 1일 이후 최초로 행해진 행위로 인한 손해배상청구에 대하여 적용된다. 자산 2조원 미만인 기업은 주가조작과 내부자거래의 경우에만 2005년 1월 1일 이후 최초로 행해진 행위로 인한 손해배상청구분부터 적용된다.

> ✎ **미니 증권상식**
>
> **시가총액** 전 상장주식을 시가로 평가한 금액을 말한다. 전 상장종목별로 그 날 종가에 상장주식수를 곱한 후 합계하여 산출한다. 이 지표는 계산시점에서 주식시장이 어느 정도의 규모인가를 나타내는 것으로 주식시장의 국제비교 등에 이용된다.

〈표 3〉 증권집단소송법 대상기업과 시행시기

	자산총액 2조원 이상 기업	자산총액 2조원 미만 기업
유가증권신고서 · 사업설명서의 허위 · 부실기재행위	2005년 1월 1일부터 적용	2007년 1월 1일부터 적용
사업보고서 · 반기보고서 · 분기보고서의 허위 · 부실기재행위	상동	상동
내부자거래행위 및 시세조작행위	상동	2005년 1월 1일부터
감사인의 분식회계 · 부실감사행위	상동	2007년 1월 1일부터

또한 자산 2조원 미만인 기업의 경우 발행시장과 유통시장의 대표적인 공시서류(유가증권신고서, 사업설명서 및 사업보고서, 반기보고서 및 분기보고서)의 허위기재 및 부실기재 행위, 감사인의 분식회계와 부실감사 행위로 인한 손해배상청구에 대하여는 2007년 1월 1일 이후 최초로 행해진 행위로 인한 손해배상청구분부터 적용된다.

증권집단소송법 시행일을 기준으로 직전 사업연도말 현재 자산총액 2조원을 기준으로 〈표 3〉과 같이 시행시기를 달리한다.

미국의 경우, 증권거래소에 상장된 대규모 기업보다 나스닥에 상장된 규모가 작은 기업을 상대로 소가 제기되는 경우가 많다. 2000년과 2001년 통계를 보면, 증권집단소송의 대상이 되고 있는 기업들 중 약 2/3 정도는 거래소가 아닌 나스닥에서 거래되고 있는 회사, 즉 규모가 작은 기업을 상대로 소가 제기되었다.

〈표 4〉 미국의 증권집단소송 대상기업의 소속 증권시장

증권시장	2000년	2001년
NYSE(뉴욕증권거래소)	61(30%)	53(30%)
NASDAQ(나스닥)	131(65%)	111(64%)
AMEX(아메리칸증권거래소)	3(2%)	2(1%)
기타 거래소	6(3%)	9(5%)
합계	201(100%)	175(100%)

　　현재 거래소와 나스닥에 상장되어 공개적으로 거래되는 모든 회사는 집단소송의 대상이 될 수 있다. 기업의 자산규모를 기준으로 증권집단소송제도의 적용여부를 구분하지 않고 있다. 소송의 대상이 된 기업들의 범위는 광범위하고 모든 산업 및 규모를 포함하고 있다.

　　다만 특이하게도 1999년에는 뉴욕증권거래소의 다우존스산업지수(DJIA)를 이루는 30개 기업(뉴욕증권거래소에 상장된 기업들 중 자산규모 등을 고려하여 지정된 상위 30개 기업) 중 4개 기업만이 집단소송을 제기당했다. 그런데 1995년에서 2000년까지 6년 동안 위의 4건을 포함하여 다우존스산업지수를 구성하고 있는 5개 기업만이 제소당했다. 이것은 대기업보다는 규모가 작은 기업들이 집단소송의 대상이 될 만한 부정행위를 자행하고 있음을 시사한다.

Q-10
증권집단소송은 어느 법원에 제기해야 할까?

피고의 보통재판적 소재지를 관할하는 지방법원 본원 합의부에 제기한다.

보통재판적이란 모든 소송사건에 대하여 공통적으로 적용되는 재판적(일반재판적)인데, 모든 소송사건(보통사건)에 토지관할권을 생기게 하는 보통재판적은 피고와 관계가 있는 곳을 기준으로 정해 놓았다. 소제기 당시에는 원고의 청구가 이유 있는지 여부를 알 수 없으므로, 이러한 상황하에 피소당하는 피고의 응소의 편의와 경제를 고려한 것이다. 공격자는 방어자에게로 찾아가서 공격해야 한다는 논리이다.

피고가 누군지에 따라 보통재판적이 달라진다.

1. 피고가 사람(자연인)인 경우

제1차적으로 주소에 따른다. 예를 들어 A라는 사람의 주소가 서울이라면 A를 피고로 한 소송은 모두 피고의 홈그라운드인 서울중앙지방법원에 소를 제기해야 하는 피고주소지주의다. 국내에 주소가 없거나 주소를 알 수 없을 때에는 제2차적으로 거소이다. 거소도 없거나 거소를 알 수 없을 때에는 제3차적으로 마지막 주소에 의한다.

2. 피고가 법인이나 사단 · 재단인 경우

제1차적으로 그 주된 사무소 · 영업소가 있는 곳(본점소재지주의), 제2차적으로는 주된 업무담당자의 주소에 의한다. 외국법인 · 외국단체는 한국에 있는 사무소 · 영업소에 의하고, 그것이 없는 때에는 한국에 있는 업무담당자의 주소에 의한다.

3. 보통재판적으로 정할 수 없는 자의 경우

위의 ①, ② 어느 기준으로도 보통재판적을 정할 수 없을 때, 예컨대 국내에 최후의 주소도 없는 재외동포 등을 피고로 할 때에는 대법원 소재지를 보통재판적으로 한다.

전속관할이란 법률에 의해 직접 정해진 관할 가운데서 재판의 적정 · 공평 등 고도의 공익적 견지에서 정해진 것으로, 특정 법원만이 오로지 배타적으로 관할권을 갖게 한 것을 말한다. 전속관할의 특색은 법원의 직권조사사항이며, 당사자간의 합의나 피고의 응소에 의해 법정관할을 다른 법원으로 바꿀 수 없다.

이해를 돕기 위해 지방법원 본원 합의부에 대한 설명을 덧붙이면, 통상재판기관에는 대법원·고등법원·특허법원·지방법원·가정법원·행정법원 등 여섯 종류가 있다. 이 가운데 대법원·고등법원·지방법원 등 세 가지는 민사사건을 다루는 통상의 민사법원이다. 특허법원·행정법원과 가정법원은 전문법원이다.

지방법원 지원이나 시·군법원은 지방법원의 출장소 격으로, 지방법원과 별개의 법원이 아니다. 지방법원 소재지에 설치하는 고등법원 지부도 마찬가지이다.

또한 단독판사가 아닌 합의부에서 재판을 하게 된다.

전국의 지방법원은 18개이며, 지방법원장과 대법원 규칙으로 정한 수의 판사로 구성된다. 지방법원의 사무 일부를 처리하기 위하여 그 관할구역 내에 지원과 소년부 지원, 시·군법원 및 등기소를 둘 수 있다. 지방법원은 민사 및 형사 사건을 1심으로 재판한다. 1심의 재판은 원칙으로 단독판사의 관할로 하고, 특히 중요하다고 법률이 정하고 있는 사건은 합의부의 관할로 한다.

✎ 미니 증권상식

서머 랠리 주식시장에서는 매년 초여름인 6월에서 7월까지 한 차례 주가가 크게 상승하는 경향이 있는데 이를 여름철 반등장, 즉 summer rally라고 부른다. 일반적으로 매년 초 강세장이 시현되면서 4월에 들어서는 배당금 지급, 노사분규, 각종 학자금 등 주식시장에서는 악재가 노출되면서 주가가 큰 폭으로 하락하여 5월에도 이어지는 경향을 보인다.

Q-11 대표당사자란 누구이며, 누가 될 수 있을까?

집단소송에서 다른 집단구성원을 대표하고 대신해 활동하는, 법원에 의해 지정된 1인 또는 수인의 구성원 또는 단체(연금, 뮤추얼펀드 같은) 구성원 중 그 증권집단소송으로 인하여 얻을 수 있는 경제적 이익이 가장 큰 자 등 총원의 이익을 공정하고 적절히 대표할 수 있는 구성원이 대표당사자가 될 가능성이 크다.

대표당사자란 법원의 허가를 받아 총원을 위하여 증권집단소송절차를 수행하는 1인 또는 수인의 구성원을 말한다. 여기에서 총원이란 유가증권의 매매 그 밖의 거래과정에서 다수인에게 피해가 발생한 경우 그 손해의 보전에 있어서 공통의 이해관계를 갖는 피해자 전원을 말하며, 구성원이란 총원을 구성하는 각각의 피해자를 말한다.

증권집단소송법에 따르면, 대표당사자는 구성원 중 그 증권집단소송으로 인하여 얻을 수 있는 경제적 이익이 가장 큰 자 등 총원의 이익을 공정하고 적절히 대표할 수 있는 구성원이어야 한다. 그리고 최근 3년간 3건 이상의 증권집단소송에 대표당사자로 관여했던 사람은 대표당사자가 될 수 없다. 다만, 제반사정에 비추어 총원의 이익을 공정하고 적절히 대표하는 데 지장이 없다고 법원이 인정하는 사람은 예외가 된다.

증권집단소송에서 대표당사자의 임무가 광범위하고 중요하기 때문이다.

대표당사자는 다수 피해자 중 한 사람으로, 승소에 대한 열의가 강하고 집단구성원의 이익을 공정하고 적절히 대표할 수 있는 사람이어야 한다. 여기서 "경제적 이익이 가장 큰 자 등"이라고 하고 있는 것은 손해발생 즉시 예상되는 증권집단소송의 소장제출경쟁에서 대표당사자를 결정함에 있어 '금전적 이해관계가 가장 큰 자와 같이 최적의 원고로 추정되는 자'를 대표당사자로 정하도록 하기 위한 것이다. 이것은 집단소송의 공익적 성격을 감안하여 다수의 이익을 가장 잘 대변하고, 투자자 이익보호에 대한 법적 의무를 부담하며, 소송수행능력이 상대적으로 우수한 기관투자가 등이 대표당사자가 되도록 유도하려는 의미도 있다. 또, 대표당사자에 대하여 증권집단소송 관여 전력에 따른 제한(3년간 3건)을 둠으로써 상습적 대표당사자에 의한 소송의 남발을 방지하고 있다.

대표당사자는 모든 집단구성원의 이익을 대표하기 위하여 집단소송에서 다른 집단구성원을 대표하고 대신하여 활동하는, 법원에 의하여 지정된 1인 또는 수인의 구성원 또는 단체(연금, 뮤추얼펀드 같은)이다. 일반적으로 대표당사자는 증권범죄로 인하여 커다란 경제적인 손실을 본 자이며, 그리고 따라서 그 사건의 결과에 커다란 경제적인 이익이 있다. 법원은 대표당사자를 선정하기 위하여 제출된 원고들의 신청서상의 주장이 다른 집단구성원들의 주장의 전형이고, 또 이 원고가 그 집단의 이익을 적절하게 대표할 수 있는 자인지를 결정해야 한다. 대표당사자는 소송이 진행될 절차와 소송의 방향을 통제하게 될 것이다.

Q-11-2 대표당사자의 의무는 무엇일까?

집단구성원을 대표하여 소송에서 변호사 선임 등의 제반업무를 수행한다.

대표당사자로서의 구성원은 자신에 관하여, 주로 자신의 주식투자에 관한 일정한 정보를 제공할 필요가 있다. 증권집단소송에서 대표당사자로서 활동하고자 하는 자는 일정한 자격을 충족해야 한다.

대표당사자는 모든 집단구성원들의 이해관계를 대표하기 위해 법원이 선임한 개인 또는 단체이다. 법원은 집단소송의 계류에 관한 통지의 공고 후 50일 이내에, 대표당사자가 되고자 하고 총원의 이익을 가장 적절히 대표할 수 있는 집단의 구성원들 중에서 대표당사자를 선임할 것이다. 대표당사자는 소송이 어떻게 진행되

> ✎ **미니 증권상식**
>
> **재무제표**(financial statements) 재무제표는 기업의 경영성적과 재정상태를 이해관계자에게 보고하기 위해 작성하는 여러 가지 서류이다. 재무제표에 관한 범위를 상법 규정에는 ① 대차대조표 ② 손익계산서 ③ 이익잉여금처분계산서 또는 결손금 처리계산서를 들고 있으며, 기업회계준칙 또는 재무제표규칙에서는 ① 대차대조표 ② 손익계산서 ③ 이익잉여금처분계산서 또는 결손금 처리계산서 ④ 현금흐름표 등 4가지를 들고 있다.

어야 하고 결과적으로 해결되거나 또는 심리되는 방법을 결정하기 위해 법원이 선정하는 대표변호사를 선임하고 감독하게 된다.

법원은 대표당사자로서 활동하기 위한 한 명 또는 수명의 집단구성원을 선임하게 될 것인데, 소송대리인을 자문하는 것을 포함하여 소송을 이끌 능력이 있는 구성원이 선정될 가능성이 크다. 법원은 일반적으로 가장 큰 경제적 손실을 본 집단구성원을 대표당사자로 선임할 가능성이 크다.

"경제적 이익이 가장 큰 자"는 다양한 방법에 의해 법원이 결정할 수 있을 것이다. 미국의 경우를 보면, 주장된 증권범죄사건에 기인한 손실금액에 기초하여 대표당사자를 선정하기도 하며, 잃은 순가치의 비율에 기초하여 결정을 하기도 한다. 또 상황에 따라 대표당사자로서 함께 활동하기 위하여 여러 명의 구성원들을 선정할 수도 있다.

Q-11-3 외국의 경우는 어떠한가?

미국의 경우를 보면 대표당사자는 다음과 같은 의무를 진다.
1. 당해 집단소송을 수행하기 위하여 또는 변호사의 지시에 따라 당해 집단소송과 관련된 증권을 매수하지 않았어야 한다.
2. 증권범죄 결과 실제로 손해를 입었어야 한다.
3. 필요하면 선서하고 증언을 할 수 있어야 한다.
4. 집단의 대표와 직접 관련되는 합리적인 비용과 지출을 제외하고 집단대표로서 활동한 대가를 받아서는 안된다. 이 금액에 대한 보상은 법원에 의해 인정되어야 한다.

Q-12

변호사 강제주의를 채택하고 있는 이유는?

증권집단소송의 절차를 수행하는 데에는 고도의 법률지식과 소송기술이 필요하므로 법률가가 아닌 대표당사자가 소송절차를 수행하기가 사실상 어렵기 때문이다.

증권집단소송법은, 증권집단소송의 원고와 피고는 변호사를 소송대리인으로 선임해야 한다고 규정하여 '변호사 강제주의'를 취하고 있다. 이는 증권집단소송의 절차를 수행하는 데에는 고도의 법률지식과 소송기술이 필요하므로 법률가가 아닌 대표당사자가 증권집단소송법에 의한 소송절차를 수행하기가 사실상 어렵기 때문이다.

미국의 경우는 소송대리인인 변호사가 소송의 대상이 되는 주식을 직접 보유하고 있거나 이에 관하여 이해관계가 있는 경우, 이것이 이익충돌에 해당하는지 여부를 법원이 판단하도록 하고 있다.

Q-12-1 대표당사자가 변호사인 경우에도 별도로 변호사를 선임해야 할까?

그렇다.

증권집단소송에 대하여 변호사 강제주의를 채택한 것은 집단소송에 있어서는 고도의 법률지식 및 소송기술이 요청되므로 법률가가 아닌 대표당사자가 직접 본인소송으로 소송을 수행하기 곤란한 점을 고려한 것이며, 변호사 강제주의를 통해 대기업을 상대로 한 소송에서 당사자의 실질적 무기평등을 보장하기 위한 목적도 가지고 있다.

이 경우 대표당사자가 변호사 자격을 가지고 있는 경우에도 변호사를 선임하도록 한 것은 대표당사자인 변호사의 주도에 의한 소제기로 남소의 우려가 있으며, 소송대리인에 대하여 '적절성'을 갖추도록 과거 3년간의 거래행위제한, 유가증권취득제한 등의 요건을 규정하기 위해서는 대표당사자와 소송대리인을 분리할 필요가 있기 때문일 것이다. 따라서 대표당사자에게 변호사 자격이 있는 경우에도 다른 변호사를 소송대리인으로 선임해야 한다.

원칙적으로 법률상 소송대리인을 제외하고 소송대리인은 변호사가 아니면 안 된다(민사소송법 제87조). 이를 변호사대리의 원칙이라고 한다. 우리나라 법은 변호사 강제주의를 채택하고 있지 않기 때문에 본인 스스로 소송할 수 있으나, 증권집단소송법은 변호사 강제주의를 취하고 있다.

현재 헌법재판절차(헌법재판소 제25조 제3항)와 증권집단소송절차(증권집단소송법 제5조 제1항)를 제외하고는 아직 변호사 강제주의를 채택하지 않고 있다. 변호사 강제주의는 승소 전망이 없는 사건을 변호사를 통해 제거시키는 한편, 소송자

부외거래(off balance sheet engagement) 대차대조표상에 자산·부채로 기록
되지 않는 거래를 말한다. 일반적인 채무보증과 같은 신용공여 대체거래, 특정 거래
와 관련된 우발채무, 상품이동에 따르는 단기채무 또는 유동성이 높은 무역관련 우
발채무, 원계약기간이 1년 초과의 약정, 금리 및 외환관련 거래(스왑, 옵션 등) 등의
계약에 따르는 신용 리스크 상당액 등으로 분류할 수 있다. 이러한 부외거래는 보증
료 등 수익증대, 리스크의 이전 등 경제적 효율성은 높은 측면이 있지만, 복잡한 거
래구조 등으로 인해 방만하게 취급할 경우 관련 리스크가 높기 때문에 감독당국에서
는 부외거래에 대한 감독을 강화하고 있는 추세이며, 이에 따라 국제결제은행(BIS)
에서는 자기자본비율 규제시 부외자산을 위험가중자산에 포함시켜 부외자산에 대하
여도 적절한 자기자본을 유지하도록 하고 있다.

료를 법률적으로 다듬어 법원에 제출함으로써 보다 능률적으로 국가의 사법운영
을 기할 수 있다. 또한 당사자가 법률보다 감정에 치우쳐 사안을 불투명하게 하
거나 소송자료가 크게 느는 것을 방지하고 감정에 복받쳐 법정의 존엄을 해치는
일을 막을 수 있다. 동시에 법관과 동등한 자격을 갖추고 사회적 지위가 대등한
변호사를 법정에 세움으로써 법관의 관료적인 편견과 부당한 권위의식을 막을 수
있다.

변호사 강제주의를 채택함에 있어서는 변호사 보수의 법정화, 법률구조제도의 완
비가 선행해야 한다. 그렇다면, 외국은 변호사 강제주의를 채택하고 있는가? 일
반적으로 그렇다.

Q-13

집단소송의 절차는 어떻게 될까?

소장과 소송허가신청서 제출 → 허가 → 고지 → 소송절차 진행 → 분배

제1단계 : 소장과 소송허가신청서 제출

제1단계는 소장과 집단소송허가신청서를 작성하고 제출하는 것이다. 소장에는 수많은 원고들의 성명을 모두 기재하는 대신, ○○년 ○월 ○일부터 ○○년 ○월 ○일까지 사이 ○○사의 주식을 취득한 자라는 식으로 범위만을 정하고, 대표당사자(대표원고) ○○○이라는 식으로 기재한다. 또한 일반 소송의 경우는 소장만 제출하는 데 비해, 증권집단소송의 경우는 소장 이외에 집단소송허가신청서를 제출

해야 한다. 허가신청서에는 대표당사자(대표원고), 소송대리인의 인적사항 등을 기재한다.

제2단계 : 허가

제출된 허가신청서는 법원의 심사 후에 허가요건 등을 구비했으면 집단소송의 허가를 받게 된다. 증권집단소송이 개시되려면 법원의 허가를 받아야 한다. 이 단계에서 법원은 ① 대표당사자(대표원고) 및 소송대리인인 변호사에게 필요한 요건, ② 증권집단소송법이 정한 청구의 대상이 되는가 여부 등을 심사하게 된다.

제3단계 : 고지

피해자 집단, 즉 집단의 구성원들에 대한 고지단계이다. 법원은 집단소송을 허가한 경우 집단소송이 계류 중인 사실을 고지한다. 이 고지가 있은 후 일정기간 내에 제외신고를 할 수 있다.

제4단계 : 소송절차 진행

증권집단소송법이 정한 소송절차에 따라 소송절차가 진행된다. 일반 소송과 달리 소를 취하하거나 화해를 하는 경우에도 법원의 허가를 받아야 한다. 또한 판결이 있게 되면 판결의 효력은 제외신고를 하지 않은 모든 구성원들에게 미치게 된다.

제5단계 : 분배

승소판결을 받으면 대표당사자(대표원고)가 판결을 집행하여 승소금의 분배절차를 개시하게 된다. 이 분배절차는 법원이 선임한 분배관리인이 진행한다.

불법 내부자거래에 가담하고 싶다 해서 반드시 이사회의 구성원이 되어야 할 필요는 없다.

두 군데의 증권회사에서 임시직 워드프로세서로 일하던 존 프리먼은 동료의 책상과 쓰레기통, 그리고 임박한 인수 및 합병을 설명한 서류의 복사물을 통해 자신이 알아야 할 모든 것을 알게 되었다. 그 서류들은 암호로 관련회사들을 말하고 있었지만, 프리먼은 그들의 산업, 과거 주식가격, 임원의 이름 및 지리적 위치를 종합, 기업들의 이름을 알 수 있었다.

프리먼은 그렇게 알아낸 대상기업과 시기의 정보를 친구, 가족, 그리고 인터넷 채팅룸을 통해 들을 수 있는 사람들에게 유포시켰다. 프리먼이 몰랐던 것은 자신의 많은 청취자들 중에는 증권거래위원회(SEC), 미연방수사국(FBI) 및 연방검찰의 수사관들이 있었다는 사실이다. 실제로 일정한 시기에, 특별훈련을 받은 SEC 직원들이 불법 내부자거래를 찾아내기 위해 인터넷 망을 서핑하고, 채팅 룸을 방문하며, 메시지 게시판을 읽고 있다. 위험신호를 확인하면, 그들은 SEC의 특별부서인 인터넷 집행팀에 그 정보를 넘긴다.

SEC는 사이버 공간의 유일한 감시기구가 아니다. 거래소도 거래행위를 감시하고 있다. 실제로, 미 증권거래소는 그들이 이 사건의 인수 및 합병의 공식발표 이전에 이상한 거래패턴을 눈치챘을 때 최초로 문제점을 확인했던 기관이다. SEC가 눈치채는 건 시간문제였던 것이다.

프리먼은 적어도 10명에게는 직접 말했지만, 가치있는 기밀이 그렇듯이 정보는 사나운 불길처럼 퍼져 나갔다. 프리먼의 친구인 레스토랑 웨이터는 28만 5천 달러를 벌었다. 그는 자기 단골손님에게 말했고, 손님은 자신이 전에 학교 교사로 있을 때 벌었던 것보다 훨씬 많은 44만 5천 달러의 이익을 냈다. 친구들이 수백만 달러를 벌어들인 동안, 매우 보수적이었던 프리먼은 겨우 7만~11만 달러의 이익을 냈다. 이것은 그가 물어야 할 벌금과 감옥에서 보내야 할 허송세월에 비하면 너무 적은 액수인 것 같다.

2장 소의 제기 및 허가절차

Q-14

나는 집단소송으로부터 무엇을 얻을 수 있을까?

손해배상을 받을 수 있으며, 기업의 부정행위를 예방하는 효과를 얻을 수 있다.

증권집단소송의 최종 목적은 두 가지이다.

① 기업으로 하여금 지속되는 사기행위를 하지 못하도록 하고, 또 장래에 그와 유사한 행위를 하는 것을 방지하는 것
② 권리를 침해당한 주주들을 위하여 손해배상을 받게 하는 것

주주들은 증권범죄로 인하여 잃게 된 모든 돈을 손해배상의 형태로 받는 것을 기대해서는 안 된다. 대부분의 집단소송의 경우 투자비율에 따라 손실을 회복한다.

이에 대한 많은 이유들이 있다.

첫째, 권리를 침해당한 모든 주주들의 손실에 대한 손해배상액 산정은 매우 실질적인 수치일 것이다. 따라서 그것은 회사 및 보험회사가 지급할 수 있는 금액의 한계를 넘어설 수 있다. 회사의 주주들은 권리가 보장된 채권자들이 아니다.

둘째, 많은 주주들은 언젠가 자신들이 투자한 것을 보상받을 수 있다는 기대를 가지고 주식을 보유한다. 막대한 금액의 지불로 휘청거리는 회사 또는 파산하게 되는 회사는 주식을 계속 보유하고 있는 주주들 및 그 후 투자를 한 사람들의 지위에 손상을 입히게 된다.

✎ 미니 증권상식

액면분할 주식의 액면가격을 일정비율로 분할하여 주식수를 늘리는 것을 말한다. 상장기업들은 주주총회 결의를 거쳐 액면가를 100원, 200원, 500원, 1,000원, 5,000원 중 하나로 정할 수 있다. 주가가 높은 기업이 액면분할을 하면 주식의 유동성이 높아진다. 액면가 5,000원인 10만원짜리 주식이 액면가를 500원으로 낮추면 유통주식수는 10배로 늘어나고 주가도 1만원으로 떨어져 일반인들이 쉽게 투자할 수 있게 된다.

보통 액면분할을 하면 주가가 많이 오른다. 액면분할 후 1주당 가격이 낮아지기 때문에 투자자들이 주가가 싸졌다고 느끼는 데서 오는 현상으로 분석된다. 미국의 경우 우량주들은 주가가 일정수준 이상 오르면 액면분할을 실시해 유동성을 늘리는 것이 일반화되어 있다. 국내에서는 액면분할이 허용된 1998년 이후 액면분할을 실시하는 기업이 늘고 있는 추세이다.

셋째, 만약 원고들이 가능한 한 더 많은 손해배상금을 얻고자 한다면, 회사는 소송을 화해로 해결하고자 하는 인센티브가 없다. 그들은 단지 서둘러 소송에서 싸우려고 할 것이다.

넷째, 소송과 관련된 변호사 비용은 취득한 금액에서 공제된다. 변호사들은 자신들의 보수를 위하여 법원에 신청을 하고, 대부분은 그들이 사건에 들인 시간당 비율로 보수를 받게 된다. 이 모든 요인들은 개인이 받을 수 있는 보상금을 감소시킬 수 있다. 궁극적으로 각각의 주주들은 투자손실을 회복하고, 증권범죄를 저지른 회사와 그 회사의 임원들을 벌하고, 그들의 범죄행위 재발을 예방하고, 다른 회사를 위하여 모범을 보이기 위한다는 소송의 원래 목적을 명심해야 한다.

Q-14-1 피해기간이란 무엇이며, 어떻게 정해질까?

'피해기간'은 일반적으로 주장된 증권범죄가 당해 사건에서 문제되고 있는 주가를 인위적으로 상승시켰다고 믿어지는 동안의 기간이다.

피해기간은 기업이 처음으로 중요한 사실에 관한 허위공시를 한 날 개시되는 특정한 기간이다. 피해기간은 허위공시 또는 중요한 사실의 누락의 지속이 일반 공중에 알려진 날에 끝나게 된다.

이 기간 동안 주식을 매수한 사람들만이 집단소송에 포함된다. 피해기간은 광범위한 연구와 조사 후에 원고들의 변호사가 처음으로 결정한다.

사건에 따라 다르다.

때로 사건의 크기(규모)와 복잡성에 따라 몇 년이 걸릴 수도 있다. 미국의 경우는 다음과 같다. 일반적인 증권집단소송사건은 최초의 소장이 제출된 때로부터 그 사건이 주주들에게 분배되는 청산펀드로, 또는 판결 또는 각하에 의하여 결론을 내릴 때까지 2~3년이 걸린다. 이것은 평균치이다. 어떤 사건은 더 많은 시간이 걸리고, 특히 상소가 있는 경우가 그렇다. 물론 시간이 별로 걸리지 않는 사건도 있다.

Q-14-3 내가 ○○사 분식회계사건과 관련된 증권집단소송에서 집단의 구성원인지를 어떻게 알 수 있을까?

예를 들면, 당신이 1999년 4월 29일부터 2002년 6월 25일까지의 기간(피해기간) 동안 증권시장에서 거래되는 ○○사의 증권을 매수 또는 기타 방법으로 취득한 개인 또는 단체이고, 이것에 의해 손해를 입었다면 당신은 집단의 구성원이 될 자격이 있다.

Q-15
소의 제기 및 소송허가신청 절차는 어떻게 될까?

대표당사자가 되기 위해 증권집단소송의 소를 제기하는 자는 소장과 소송 허가신청서를 법원에 제출해야 하고, 증권집단소송을 수행함에 있어서는 법원의 허가를 받아야 한다.

대표당사자가 되기 위하여 증권집단소송의 소를 제기하는 자는 소장과 소송허가신청서를 법원에 제출해야 한다.

대표당사자가 되기 위하여 증권집단소송의 소를 제기하는 자는 증권집단소송을 수행함에 있어서는 법원의 허가를 받아야 한다. 집단소송에 있어서 법원의 심리대상은 허가 전에는 집단소송 허가의 당부이고 허가 후에는 본안의 당부이다. 따라서 증권집단소송법은 허가절차를 위한 소송허가신청서와 본안절차의 개시를 위한 소장을 법원에 제출하도록 하고 있다.

증권집단소송에 있어서 대표당사자는 집단 피해자들로부터 명시적인 위임을 받는 수권절차를 거치지 아니한 채, 이들 피해자를 대표하여 집단소송을 수행하는 것이다. 따라서 대표당사자는 사익을 위한 것이기보다는 오히려 공익적 임무수행자로서의 성격을 띠고 있어서 그 책임이 매우 중대하므로, 이들 대표당사자에 대하여는 법원으로부터 집단소송의 허가결정이 있어야 본안소송을 수행할 수 있도록 하고 있다. 뿐만 아니라 이들 대표당사자는 허가절차에 있어서나 본안소송절차에 있어서 법원의 감독을 받도록 되어 있다.

그런데 허가절차와 본안소송절차의 두 기능과 관련하여 이를 별개의 법원에 담당시킬 것인가, 아니면 동일한 법원에 담당시킬 것인가 하는 문제가 제기된다. 즉, 이원주의적 구조를 취하여 허가법원에 먼저 허가신청서를 제출하도록 하고 허가결정이 나면 비로소 소장을 수소법원에 제출하도록 할 것인가, 아니면 일원주의적 구조를 취하여 대표당사자에게 먼저 소를 제기하도록 한 다음 수소법원이 집단소송

✎ **미니 증권상식**

그린 메일(green mail) 특정 기업의 일정 지분을 장내에서 사들인 뒤 경영권을 쥔 대주주를 협박, 장외에서 비싼 값에 주식을 되파는 수법. 이런 사람을 그린 메일러라고 부른다. 대주주가 말을 듣지 않으면 경영권을 약탈할 수도 있다. 이런 사람을 기업 사냥꾼(raiders)이라고 부른다.

으로서 허가할 것인지 여부를 결정하여, 허가되면 집단소송으로서 심리하는 방식을 취할 것인가를 선택하는 문제가 있다.

이에 대하여 전자, 즉 이원주의적 방식을 취하게 될 경우, ① 허가단계에서도 허가여부를 결정하기 위해서는 어느 정도의 본안심리가 불가피하므로 심리의 중복이 발생할 수 있다는 점, ② 실제로 집단소송절차가 개시되면 허가여부를 결정하기 이전에 화해 등으로 집단소송이 종결되는 경우가 있어 법원의 부담이 경감되는 경우가 많으므로 굳이 이원주의를 취할 필요가 없다는 점, ③ 허가법원과 수소법원이 동일한 경우에 허가요건의 심사는 수소법원에서 변론의 분리나 제한 등으로 충분히 그 목적을 달성할 수 있다는 점 등을 고려하여 일원주의를 취하고 있다. 다만 이 경우에도 수소법원이 집단소송에 관한 허가여부를 먼저 심리하게 됨은 이원주의와 차이가 없다.

위와 같이 소송허가신청절차와 본안소송절차에 관하여 일원주의를 취하고 있음에도 불구하고 증권집단소송법은 소장과 허가신청서를 별도로 작성할 것을 요구하고 있다.

이에 대하여, 허가절차와 본안소송절차를 동일한 법원에서 담당하도록 하는 일원주의를 취하고 있는 만큼 소장 자체가 허가신청서 역할을 할 것이므로 굳이 허가신청서를 소장과 별도로 작성하여 제출할 필요가 있겠느냐 하는 문제가 있으나, ① 허가절차는 형식적으로 별개의 선행절차로서 행해지는 점, ② 불허가결정시 불허가결정에 대하여 별도의 불복이 행해지는 점 등을 고려했기 때문이다.

Q-15-1 법원이 허가를 하는 이유는?

증권관련 집단소송의 특성상 법원에 적절한 판단재량을 부여하여 부당한 남소의 제기를 방지하기 위한 것이다.

집단소송은 대표당사자에게 공정하고 적절한 대표성을 요구하고, 소송대리인에게 총원의 이익을 공정하고 적절하게 대리하도록 하고 있으므로 소송요건에 대하여 법원이 판단할 수 있도록 한 것이다.

집단소송에 있어서 법원의 허가는 피해자 집단의 개별 구성원의 이해와 관계되는 중요한 절차이므로 원고측에 반드시 허가신청의 이유를 소명하도록 하고, 원고뿐만 아니라 피고도 심문하도록 함으로써 집단소송의 제기로 인하여 사회적·경제적 신뢰도 등에 타격을 입을 우려가 있는 피고의 부당한 불이익을 방지할 수 있는 기회를 부여하는 것이다.

허가절차의 목적은 원래 집단소송의 남용을 막는 데 있었으나 피고보호의 측면도 중요한 이유이다. 법원의 허가절차는 집단이 집단소송의 피고가 되는 경우에 더욱 필요성이 크다. 소송의 당사자가 되지 아니한 구성원의 절차보장이라는 측면에서 볼 때 원고로서 집단소송을 제기하는 경우는 구체적인 금전상의 손해가 있더라도 크게 문제가 되지 않는 반면, 피고로서 행하는 집단소송은 소송의 당사자로 되지 아니한 구성원도 경제적 부담을 져야 한다는 점에서 문제가 발생할 수 있다.

법원의 허가시 직권조사를 할 수 있도록 함으로써 이를 통해 총원의 이익을 위한 대표당사자의 적절성 판단, 주요한 쟁점의 정리, 총원의 범위나 청구총액의 특정이 가능하도록 한 것이다.

Q-15-2 소장 및 소송허가신청서가 제출된 사실을 어떻게 알 수 있을까?

증권거래소 또는 증권업협회의 공시를 통해 알 수 있다.

법원은 대표당사자가 되기 위하여 증권집단소송의 소를 제기하는 자가 제출한 소장과 소송허가신청서가 제출된 사실을 한국증권거래소 또는 한국증권업협회에 통보해야 한다.

이것은 소송허가신청서가 제출되었을 때 다른 피해자도 대표당사자가 될 수 있는 기회를 최대한 보장하기 위하여 소송허가신청서가 제출된 사실을 공시할 필요가 있는데, 증권과 관련한 공시체제는 한국증권거래소 및 한국증권업협회에서 갖추고 있으므로 허가신청서가 법원에 접수되면 이들 기관에 소송허가신청서가 제출되었다는 사실을 통보(각 증권사의 전산단말기에 공지됨)하도록 한 것이다. 증권거래소 또는 증권업협회는 소장 및 소송허가신청서가 제출된 사실을 일반인이 알 수 있도록 공시해야 한다. 따라서 피해자들은 증권거래소 또는 증권업협회의 공시를 통하여 소송허가신청서가 제출된 사실을 알 수 있다.

또한 법원은 대표당사자가 되기 위하여 증권집단소송의 소를 제기하는 자가 제출한 소장 및 소송허가신청서를 접수한 날로부터 10일 이내에 증권집단소송의 소가 제기되었다는 사실, 총원의 범위, 청구의 취지 및 원인의 요지, 대표당사자가 되기를 원하는 구성원은 공고가 있는 날부터 30일 이내에 법원에 신청서를 제출했다는 사실을 공고해야 한다. 이 공고는 전국을 보급지역으로 하는 일간신문에 게재하는 등 대법원 규칙으로 정해진다.

그렇다. 우리 법은 미국법을 모델로 하고 있다.

법원은 집단소송으로 소가 제기되면 가능한 한 신속히 이를 집단소송으로 유지할 것인지 여부를 명령으로 결정해야 한다. 법원의 허가를 얻지 못하는 경우 집단소송을 시작하지 못하기 때문에 허가는 집단소송에서 가장 중요한 의미를 가진다.

집단소송이 개시되면 법원은 '가능한 한 신속히' 이를 집단소송으로 유지할 것인

지의 여부를 명령으로써 결정지어야 한다. 그 명령은 조건부일 수도 있고 본안판
결 이전까지 변경 또는 수정할 수 있다. 법원은 어느 일방의 허가신청이 없더라
도 허가를 결정할 의무를 부담한다. 허가결정은 종국적인 것이 아니므로 심리를
하는 도중에 이를 철회할 수 있다.

Q-16

소장과 소송허가신청서에는 무엇을 기재할까?

소장의 기재사항과 소송허가신청서의 기재사항은 다르다. 소송허가신청서에는 일정한 서류를 첨부해야 한다.

소장에는 다음의 사항을 기재해야 한다.

① 대표당사자가 되기 위하여 증권집단소송의 소를 제기하는 자와 그 법정대리인
② 원고측 소송대리인
③ 피고

④ 청구의 취지와 원인

⑤ 총원의 범위

위의 사항 중 ④의 청구의 취지란 원고가 어떠한 내용과 종류의 판결을 구하는지를 밝히는 소의 결론부분을 말한다. 따라서 청구의 취지에는 원고가 바라는 판결주문을 적게 되어 있으며 이를 간단명료하게 표시해야 한다. 예를 들면, 원고는 피고에게 금 1천만원과 이에 대한 소장송달 다음 날부터 다 갚을 때까지 연 25%의 비율에 의한 금전을 지급하라는 것이다. 법원은 청구의 취지에 구속되어 재판해야 하기 때문에 의미가 매우 크다.

한편, 청구의 원인이란 청구의 취지를 보충하여 청구를 특정함에 필요한 사실관계를 말한다. 예를 들어, 금 1천만원의 대여금 청구라면 대여일, 당사자, 금액까지는 청구를 특정하는 데 해당되는 사실이나, 변제기일의 경과는 청구를 이유있게 하는 사실일 뿐 특정에 필요한 사실은 되지 않는다. 다시 말하면 청구를 다른 것과 구별시키고 오인 · 혼동시키지 않을 정도의 사실을 의미한다.

✎ **미니 증권상식**

무상증자 주식대금의 납입 없이 신주를 발행하고, 재무제표상의 자본금만 늘리는 것으로 자본구조의 개선, 주주에 대한 이익배려 등을 목적으로 행해진다. 무상증자는 주주가 갖는 주식 1주당 실질적 가치는 감소하지만 주식수는 그만큼 증가하기 때문에 지분 자체에는 변동이 없고, 권리락으로 주가수준이 낮아지므로 주식에 시장성이 부여되며, 또 배당이 유지된다면 주주는 증자와 동일한 결과를 얻게 된다.

증권집단소송법은 소송허가신청서의 필요적 기재사항으로 대표당
사자가 되기 위하여 증권집단소송의 소를 제기하는 자와 그 법정대
리인, 원고측 소송대리인, 피고, 총원의 범위, 대표당사자가 되기 위
하여 증권집단소송의 소를 제기하는 자와 원고측 소송대리인의 경력,
허가신청의 취지와 원인, 변호사 보수에 관한 사항을 들고 있다.

여기서 총원의 범위는 '언제부터 언제까지 거래된 어느 회사의 증
권을 매수한 자' 라는 등 그 범위를 개략적으로 특정하면 충분하다.
또한 증권집단소송의 소를 제기하는 자와 소송대리인의 경력을 필요
적 기재사항으로 한 것은 총원의 이익을 공정하고 적절히 대표하거
나 대리할 수 있는 자로서 신뢰할 수 있는 자인지 여부에 대한 심사
자료를 제공하기 위해서이다.

■ 소송허가신청서 기재사항

소송허가신청서에는 다음의 사항을 기재하고 일정한 서류를 첨부
해야 한다.

① 대표당사자가 되기 위하여 증권집단소송의 소를 제기하는 자
　　와 그 법정대리인
② 원고측 소송대리인
③ 피고
④ 총원의 범위
⑤ 대표당사자가 되기 위하여 증권집단소송의 소를 제기하는 자

와 원고측 소송대리인의 경력

⑥ 허가신청의 취지와 원인

⑦ 변호사 보수에 관한 약정

■ 대표당사자가 되고자 하는 자의 첨부서류

대표당사자가 되기 위하여 증권집단소송의 소를 제기하는 자는 소송허가신청서에 다음의 사항을 진술한 문서를 첨부해야 한다.

① 당해 증권집단소송을 수행하기 위하여 또는 소송대리인의 지시에 따라 당해 증권집단소송과 관련된 유가증권을 취득하지 아니하였다는 사실을 진술한 문서

② 최근 3년간 대표당사자로 관여한 증권집단소송의 내역을 진술한 문서

■ 소송대리인의 첨부서류

소송허가신청서에는 소송대리인이 다음의 사항을 진술한 문서를 첨부해야 한다.

① 최근 3년간 소송대리인으로 관여한 증권집단소송의 내역을 진술한 문서

② 증권집단소송의 대상이 된 유가증권을 소유하거나 그 유가증권과 관련된 직접적인 금전적 이해관계가 있는 등의 사유로 인

하여 증권집단소송법에 의한 절차에서 소송대리인의 업무를 수행하기에 부적절하다고 판단될 정도로 총원과 이해관계가 충돌되지 아니한다는 사실을 진술한 문서

그럴 필요는 없다.

사기 관련 유머

장물회사 사장, 죽어서도 장물?

조녀선 와일드(1682~1725)는 경찰제도가 생기기 100년 전 런던에서 절도 피해자들을 돕는 일을 하고 있었다. 당시 장물거래는 범죄였으며, 도둑들은 훔친 물건을 전당포에서 정당한 가격으로 거래할 수 없었다. 감옥에서 범죄세계에 정통하게 된 와일드는 범죄를 저지르기 위해 런던에 선술집을 열었고, 절도 피해자들을 돕기 위한 대리점도 열었으며, 절도범들로 구성된 비밀회사도 만들었다.

도둑들은 와일드의 창고로 많은 장물들을 갖고 왔으며, 피해자들은 도둑맞은 물건을 런던 암흑가에서 되찾기 위해 와일드를 고용했다. 와일드는 도둑맞은 물건을 찾아주는 경우 엄청난 보수를 요구했다. 이 방법으로 도둑들은 과거보다 더 많은 돈을 벌었으며, 피해자들은 자신들의 도둑맞은 귀중품을 되살 수 있는 것에 대해 와일드에게 고마워했다. 와일드는 부호가 되었다.

마침내 와일드는 주인불명의 매우 많은 장물을 갖게 되어 배를 사서 그 물건들을 유럽으로 수출했다. 그러나 한 도둑이 와일드를 밀고하여 재판에 회부된 그는 교수형에 처해졌다. 당시 도굴꾼들은 의과대학에서 외과를 전공하는 학생들에게 해부용 시체를 장물로 팔고 있었다. 와일드의 시체는 도굴되어 팔리는 운명을 맞았다.

Q-17

소제기의 공고 및
대표당사자의 선임절차는?

법원은 소장 및 소송허가신청서를 접수한 날로부터 10일 이내에 증권집단소송의 소가 제기되었다는 사실 등을 공고한다. 법원은 소제기의 공고를 한 날로부터 50일 이내에 대표당사자 선임 결정을 한다.

법원은 소장 및 소송허가신청서를 접수한 날로부터 10일 이내에 다음의 사항을 공고해야 한다.

① 증권집단소송의 소가 제기되었다는 사실
② 총원의 범위

③ 청구의 취지 및 원인의 요지

④ 대표당사자가 되기를 원하는 구성원은 공고가 있는 날로부터 30일 이내에 법원에 신청서를 제출해야 한다는 사실

이 공고는 전국을 보급지역으로 하는 일간신문에 게재하는 등 대법원 규칙으로 정하는 방법에 따른다.

Q-17-1 대표당사자 선임절차는 어떻게 될까?

대표당사자가 되기를 원하는 구성원은 경력과 신청의 취지를 기재한 소송허가신청서에 ① 당해 증권집단소송을 수행하기 위하여 또는 소송대리인의 지시에 따라 당해 증권집단소송과 관련된 유가증권을 취득하지 아니하였다는 사실을 진술한 문서와 ② 최근 3년간 대표당사자로 관여한 증권집단소송의 내역을 진술한 문서를 첨부하여 법원에 제출해야 한다.

법원은 소제기의 공고를 한 날로부터 50일 이내에 ① 대표당사자가 되기 위하여 증권집단소송을 제기한 자와 ② 대표당사자가 되기를 원하여 공고일로부터 30일 이내에 법원에 신청서를 제출한 구성원 중 대표당사자 자격요건을 갖춘 자로서

✎ **미니 증권상식**

기업내용공시 유가증권을 발행한 회사에 관한 중요한 정보를 투자자에게 공개하는 것. 투자자의 판단을 돕는 것이 목적이다. 즉 상장법인의 경영상태 등 증권시장에서 주가 및 거래량에 영향을 미칠 만한 중요한 사실이 발생하면 이를 투자자에게 신속·정확하게 공시함으로써 공정거래질서가 확립되도록 하는 것이다. 증권거래법 등에 의해 상장회사가 공시해야 할 사항이 규정되어 있으며, 상장기업은 이를 지켜야 할 의무가 있다.

총원의 이익을 대표하기에 가장 적합한 자를 대표당사자로 선임하는 결정을 한다. 이 결정에는 불복할 수 없다.

대표당사자로 선임된 자는 대표당사자가 되기 위하여 증권집단소송의 소를 제기한 자 중 대표당사자로 선임되지 아니한 자가 붙인 인지의 액면금을 그에게 지급해야 한다.

대표당사자 선임절차는 상습적인 소송꾼인 당사자들 사이의 법원을 향한 경주를 방지하고, 경제적 이익이 가장 큰 자 등 총원의 이익을 공정하고 적절히 대표할 수 있는 구성원이 대표당사자가 되도록 한 규정의 취지를 살릴 수 있으며, 동일한 분쟁에 관하여 여러 개의 소송허가신청서가 제출되는 것을 방지할 수 있을 것이다.

Q-17-2 대표당사자 최종기한이란?

대표당사자가 되기를 원하는 구성원이 법원에 신청서를 제출해야 하는 기간으로, 증권집단소송이 제기되었다는 사실의 공고가 있는 날로부터 30일의 기간이다.

대표당사자가 되고 싶은 집단의 구성원은 이 최종기한에 앞서 미리 변호사와 접촉해야 할 것이다.

Q-17-3 집단구성원이 30일간의 대표당사자 최종기한을 놓쳤다면?

아무 문제 없다.

30일의 최종기한은 대표당사자가 되려는 사람들에게만 적용된다.

Q-18

소송대리인의 자격을 제한하는 이유는?

상습적인 소송대리인에 의한 소송남발을 방지하기 위해서이다.

원고측 소송대리인은 총원의 이익을 공정하고 적절히 대리할 수 있는 자이어야 하며, 또 최근 3년간 3건 이상의 증권집단소송에 대표당사자의 소송대리인으로 관여했던 자는 원고측 소송대리인이 될 수 없다.

다만 제반사정에 비추어 보아 위의 요건을 충족하는 데 지장이 없다고 법원이 인정하는 자는 그러하지 아니하다. 나아가 증권집단소송의 대상이 된 유가증권을 소유하거나 그 유가증권과 관련된 직접적인 금전적 이해관계가 있는 등의 사유로 인하여 이 법에 의한 절차에서 소송대리인의 업무를 수행하기에 부적절하다고 판단될 정도로 총원과 이해관계가 충돌되는 자는 증권집단소송의 원고측 소송대리인이 될 수 없다.

소송의 실제가 소송대리인에 의하여 주도될 것을 예상하여 소송대리인에게도 '총원의 이익을 공정하고 적절히 대리할 수 있는 자' 일 것을 요구했다. 소송허가신청서에 소송대리인의 경력을 기재하도록 하고 있는 것과 같은 맥락이다. 3년간 3건이라는 증권집단소송 관여 전력에 따른 제한을 둠으로써 상습적인 소송대리인에 의한 소송남발을 방지하기 위한 제도적 장치를 마련했다.

Q-18-1 여러 변호사가 동일한 소를 제기한다면, 나는 모든 변호사와 접촉해야 할까?

그럴 필요 없다.

한 개 이상의 사건이 집단을 대리하여 제출되는 경우, 이 사건들은 결국 법원에 의하여 통합정리될 것이기 때문이다.

Q-18-2 나는 소송기간 동안 정보를 받을 수 있을까?

우리나라의 경우는 현단계에서 확실한 대답을 할 수 없다.

하지만 미국의 경우를 보면 일반적으로 다음과 같은 정보를 제공하고 있다. 집단 구성원들은 소송이 진행되는 동안 중요한 진행과정을 우편 또는 이메일을 통하여

외부감사 감사를 받는 당해 기업의 외부에 있는 감사인에 의하여 실시되는 감사를 말한다. 주식회사의 외부감사에 관한 법률은 직전 사업연도 말 자산총액이 70억원 이상인 주식회사는 재무제표를 작성하여 기업 외부의 감사인에 의한 회계감사를 받도록 의무화하고 있는데 이와 같은 회계감사를 외부감사, 그 감사를 하는 자를 감사인 또는 외부감사인이라 한다. 감사인의 자격은 공인회계사법의 규정에 의한 회계법인과 한국공인회계사회에 등록된 3인 이상의 회계사로 구성된 감사반으로 제한되어 있다.

통지받는다. 또 변호사 사무실의 증권그룹 내의 투자자보호팀이 구성원들이 질문을 할 때는 언제든지 전화, 편지, 이메일로 답하고 있다. 또 변호사 사무실의 웹사이트는 각각의 증권사건의 진행과정을 정기적으로 업데이트한다.

Q-18-3 나는 변호사와 잠재적 집단소송 또는 진행 중인 사건에 대하여 어떻게 의논할 수 있을까?

변호사 사무실로 전화를 하거나 방문하여 상담할 수 있다.

당신이 변호사를 신뢰하고 당신의 처한 상황을 의논하고자 한다면, 변호사 사무실로 전화를 하면 당신과 상담할 수 있는 변호사와 연결될 것이다. 미국의 경우를 보면, 변호사들은 진행 중인 사건에 관하여 의논하거나 또는 아직 제기되지는 않았지만 집단소송의 제기 가능성이 있는 사건에 관하여도 무료로 상담해 주고 있다. 혹시 진행 중인 사건에 관한 정보를 가지고 있다면, 즉시 변호사와 상담할 필요가 있다.

법원의 소송허가를 받기 위한 요건은?

다수성 요건과 주식지분율 요건, 공통성 요건, 수단의 적합성 및 효율성 요건을 구비하고, 소송허가신청서에 흠결이 없어야 한다.

증권집단소송사건은 다음의 사항을 요구하고 있다.

① 구성원이 50인 이상이고, 청구의 원인이 된 행위 당시를 기준으로 이 구성원의 보유 유가증권의 합계가 피고 회사의 발행 유가증권 총수의 1만분의 1 이상일 것
② 증권집단소송법의 적용대상이 되는 손해배상청구로서 법률상

또는 사실상 중요한 쟁점이 모든 구성원에게 공통될 것

③ 증권집단소송이 총원의 권리실현이나 이익보호에 적합하고 효율적인 수단일 것

④ 소송허가신청서의 기재사항 및 첨부서류에 흠결이 없을 것

다만 증권집단소송이 제기된 후 구성원이 50인 미만으로 감소하거나 구성원의 보유 유가증권의 합계가 피고 회사의 발행 유가증권 총수의 1만분의 1 미만으로 감소하는 경우에도 제소의 효력에는 영향이 없다.

구성원이 50인 이상이어야 한다는 다수성 요건은 통상 공동소송으로 제소하기 위한 부적합한 규모로서, 증권거래법상 유가증권 공모의 기준이 50인이라는 점을 감안한 것이다. 또한 구성원의 보유 유가증권의 합계가 발행 유가증권의 1만분의 1 이상이라는 요건에 의하면 소액 피해자들의 경우는 집단소송을 제기하는 것이 매우 어렵다는 비판이 있다. 예를 들어, 이 요건을 충족하려면 현재 증권거래소에서 시가총액 1위 기업인 삼성전자의 경우 69억 400만원이 필요하다.

증권집단소송이 총원의 권리실현이나 이익보호에 적합하고 효율

✎ **미니 증권상식**

시가총액 전상장주식을 시가로 평가한 금액을 말한다. 전상장종목별로 그 날 종가에 상장주식수를 곱한 후 합계하여 산출한다. 이 지표는 계산시점에서 주식시장이 어느 정도의 규모인가를 나타내는 것으로 주식시장의 국제비교 등에 이용된다.

적인 수단이어야 한다는 것은, 집단소송에 의한 소송이 각 피해자의 개별소송, 공동소송이나 선정당사자제도에 의한 소송보다 적합하고 효율적인 수단이어야 한다는 것을 의미한다.

집단소송을 제기하기 위해서는 고려해야 할 몇 가지 전제요건이 있다. 원고가 될 수 있는 집단구성원 중 적절한 숫자를 충족해야 하고(다수성 요건), 원고들이 입은 손해와 다투어질 법률상의 쟁점이 공통되어야 하며, 또 각 집단구성원들의 청구가 동일한 사건으로부터 나와야 하고 동일한 법률상의 청구를 만들 수 있어야 한다(공통성 요건). 또한 대표당사자는 집단구성원들의 이익을 적절하고 공정하게 보호할 수 있어야 한다.

〈표 5〉 시가총액 상위 10개 기업과 집단소송요건 (단위: 만원)

기 업	시가총액
① 삼성전자	690,400
② SK텔레콤	159,600
③ 국민은행	149,400
④ 한국전력	135,400
⑤ KT(한국통신)	128,600
⑥ 포스코	127,200
⑦ 현대자동차	98,400
⑧ LG전자	88,400
⑨ 삼성SDI	58,600
⑩ 우리금융지주회사	57,000

─증권거래소 상장기업 보통주 2003년 11월 12일 종가기준.
─집단소송을 위한 주식지분율 요건은 발행주식의 1만분의 1 이상.

　법이 정한 요건은 아니지만 피고의 생존능력(경제적 능력)도 중요
하다. 피고가 원고 주장의 손해와 비용을 지불할 능력이 없다면, 원
고측을 대리할 변호사는 소송을 대리할 인센티브가 없을 것이다.

Q-20

소송허가절차는 어떻게 될까?

법원은 집단소송의 허가여부재판을 함에 있어서 직권으로 필요한 조사를
할 수 있도록 하고 있는바, 이 조사는 총원의 이익을 위한 것이다.

대표당사자는 소송허가신청의 이유를 소명해야 하고, 증권집단소송
의 허가여부에 관한 재판은 대표당사자가 되기 위하여 증권집단소송
의 소를 제기하는 자와 피고를 심문하여 결정하고, 허가여부의 재판
을 함에 있어서 손해배상청구의 원인이 되는 행위를 감독·검사하는
기관으로부터 손해배상청구 원인행위에 대한 기초조사 자료를 제출
받는 등 직권으로 필요한 조사를 할 수 있다.

증권집단소송법은 증권집단소송에 대한 법원의 허가절차를 규정하고 있다. 집단소송의 허가절차는 결정으로 신속히 처리되어야 하므로 반드시 구술변론을 필요로 하는 것은 아니지만, 피해자집단의 개별 구성원의 이해와 관계되는 중요한 절차이므로 원고측에 반드시 허가신청의 이유를 소명하도록 한 것이다.

원고인 대표당사자가 되기 위하여 증권집단소송의 소를 제기하는 자뿐만 아니라 피고에 대한 심문도 하도록 하고 있다. 대표당사자가 되기 위하여 증권집단소송의 소를 제기하는 자를 심문하는 것은 집단소송의 허가가 본안소송의 요건이고 법원의 직권조사사항으로서 대단히 중요하기 때문이다. 특히 피고를 반드시 심문하도록 한 것은 일단 집단소송이 제기되면 피고가 되는 자는 사회적·경제적 신뢰도 등에 타격을 입을 가능성이 있기 때문에 피고를 심문해서 불이익을 방어할 수 있는 기회를 주기 위한 것이다.

법원은 집단소송의 허부재판을 함에 있어서 직권으로 필요한 조사를 할 수 있도록 하고 있는바, 이 조사는 총원의 이익을 위한 것이다. 이를 통해 대표당사자가 되기 위하여 증권집단소송의 소를 제기하는 자의 적절성 판단, 주요한 쟁점의 정리, 총원의 범위나 청구총액의 특정이 가능하게 될 것이다. 직권으로 필요한 조사를 하여 판단자료가 집적되면 법원은 집단소송의 허가여부를 결정으로 재판한다.

1. 소송허가 및 불허가 결정과 그 불복절차

법원은 대표당사자 및 소송대리인의 요건과 소송허가요건 등을 고려하여 허가결정을 하거나 불허가결정을 한다.

증권집단소송의 허가결정서에는 다음의 사항을 기재하고 결정을 한 법관이 기명날인해야 한다.

① 대표당사자와 그 법정대리인
② 원고측 소송대리인
③ 피고
④ 총원의 범위
⑤ 주문
⑥ 이유
⑦ 청구의 취지 및 원인의 요지
⑧ 제외신고의 기간과 방법

✎ 미니 증권상식

언더라이터 인수업자, 즉 공모증권의 발행에 있어서 매입보증을 제공하며 발행회사에 대해 소요자금의 조달을 보증하는 기관을 말한다. 미국의 투자은행, 영국의 머천트 뱅크, 일본의 증권업자, 유럽의 시중은행 등이 인수업자의 역할을 하고 있다. 이 경우 인수라는 것은 원래 시장에서 소화되지 않은 부분에 대하여 매입을 보증하는 행위(잔액인수 또는 인수보증)를 말한다. 따라서 회사가 주식을 발행할 때 일반 시장에서 소화되고 남은 주식의 전부 또는 일부를 발행회사로부터 수수료를 받고 인수하는 업자를 말하는 경우도 있다. 이들 인수업자들은 대출시 신디케이트를 결성하고 간사단(managing group)을 선임한다. 또한 이들 신디케이트의 결성과 병행하여 증권소화를 촉진시킬 목적으로 별도로 판매단(selling group)을 구성하는 것이 일반적이다.

⑨ 고지 · 공고 · 감정 등에 필요한 비용의 예납에 관한 사항

⑩ 그 밖의 필요한 사항

법원이 상당하다고 인정하는 때에는 결정으로 총원의 범위를 조정하여 허가할 수 있으며, 위 허가 및 불허가 결정에 대하여는 즉시항고할 수 있다.

법원은 허가절차의 진행에 따라 수집된 자료에 의하여 집단소송의 허부를 결정하게 된다. 이 경우 법원은 대표당사자가 신청한 대로만 허가결정을 할 수 있는 것이 아니라 청구내용을 수정하여 허가할 수 있다. 따라서 법원이 상당하다고 인정하는 때에는 직권으로 총원의 범위를 조정할 수 있다.

또한 불허가결정과 관련하여, 실무상 증권집단소송의 불허가결정에 대하여 불복(즉시항고)이 있었다면 그 기록이 상급법원에서 수소법원에 내려올 때까지는 상당한 시일이 걸릴 것이므로 불허가결정 확정 후 집단소송 자체에 대해 별도의 재판을 요할 경우 그 사이에 그만큼 시간적 간격이 있게 된다.

여기서 집단소송의 불허가결정이 확정되었을 때, 그 소송 자체를 어떻게 취급해야 할 것인가의 문제가 있을 수 있다. 이에 대하여 증권집단소송법은 소가 제기되지 아니한 것으로 본다. 증권집단소송의 허가요건 등을 구비하지 못한 경우에도 별도의 개별소송을 제기할 수 있는 기회를 줄 필요가 있기 때문이다.

2. 소송허가결정과 소송비용의 예납

법원은 소송허가결정을 하는 때에는 고지·공고·감정 등에 필요한 비용의 예납을 명해야 한다. 의원입법안에서는 고지비용 및 소송비용의 다액을 이유로 소송비용 예납의 유예, 국고금체당 등의 특례규정을 두고 있었다.

그런데 증권사건에서 집단피해자들은 자기책임하의 투자자인 점을 감안할 때 원·피고의 소송상의 지위에 있어서 당사자대등원칙의 예외를 인정해 줄 합리적 근거가 없으며, 증권집단소송도 본질에 있어서는 일반적 민사배상과 그 성격을 달리하지 않으므로 만약 위 소송에 국고체당금 등의 특례를 인정할 경우 교통사고 손해배상소송 등의 경우라고 달리 취급되어야 할 이유가 없다. 또한 집단소송의 소송비용은 소송고지 등을 위하여 실질적으로 집행되어야 하므로 납부유예시 국고금체당이 전제가 되어야 하나 체당된 국고금의 회수 가능성은 매우 불투명하기 때문에 위와 같이 여러 가지 사정을 고려하여 소송비용 예납의 유예, 국고금체당 등의 특례는 인정하지 않았다.

소송허가신청이 경합된 경우에는 어떻게 처리될까?

동일한 분쟁에 관한 수개의 소송허가신청서가 동일한 법원에 제출된 경우 법원은 병합심리하고, 각각 다른 법원에 제출된 경우 관계법원에 공통되는 직근상급법원은 결정으로 심리법원을 정하며, 이 경우 수개의 증권집단소송을 심리할 법원은 이를 병합심리해야 한다.

동일한 분쟁에 관한 수개의 증권집단소송의 소송허가신청서가 동일한 법원에 제출된 경우 법원은 병합심리해야 한다.

동일한 분쟁에 관한 수개의 증권집단소송의 소송허가신청서가 각각 다른 법원에 제출된 경우 관계법원에 공통되는 직근상급법원은 관계법원이나 대표당사자가 되기 위하여 증권집단소송의 소를 제기하는 자, 대표당사자 또는 피고의 신청에 의하여 결정으로 심리법원을 정하며, 이 경우 수개의 증권집단소송을 심리할 법원은 이를 병합심리해야 한다.

병합심리하는 경우 법원은 대표당사자가 되기 위하여 증권집단소송의 소를 제기하는 자, 소제기의 공고가 있는 날로부터 30일 이내에 대표당사자가 되기를 원하는 신청서를 법원에 제출한 구성원 또는 대표당사자들의 의견을 들어 소송을 수행할 대표당사자 및 소송대리인을 정할 수 있다.

위 심리법원 지정결정과 소송을 수행할 대표당사자 및 소송대리인 지정결정에 대하여는 불복할 수 없다. 이것은 대표당사자 및 소송대리인의 허가요건과 소송허가요건을 모두 구비한 동일분쟁에 대하여 증권집단소송의 허가신청이 동일법원에 또는 각각 다른 법원에 경합제기된 경우의 처리문제 및 병합심리를 하는 경우 소송을 수행할 대표당사자와 소송대리인을 지정할 수 있다는 점을 정하고 있는 것이다.

허가신청이 동일법원에 경합되는 경우에는 당해 법원에서 병합심리를 결정하고, 각각 다른 법원에 경합된 경우에는 관계법원에 공통되는 직근상급법원에서 관계법원이나 대표당사자가 되기 위하여 증권집단소송의 소를 제기하는 자, 대표당사자 또는 피고의 신청에 의하여 병합심리할 심리법원을 지정하는 결정을 하게 되면 허가절차가 병합심리되고, 허가결정이 있는 경우에는 본안소송절차도 병합심리된다. 이는 분쟁의 일회적 해결을 통해 민사소송의 이념인 소송경제를 실현하고 재판결과의 모순저촉을 방지하기 위한 것이다.

소제기 또는 허가결정의 효력이 구성원 모두에게 미치는 증권집단소송의 성격상 필요적 병합으로 하고 있다. 이를 임의적 병합으로 한다면 먼저 허가결정을 받는 사건만이 유효해질 염려가 있다. 병합심리의 대상은 동일분쟁이어야 하므로 대표당사자 및 소송대리인의 허가요건과 소송허가요건 중 일부만을 공통으로 하고 나머지 요건을 구비하지 못한 경우는 집단소송 자체가 불허되므로 병합심리나 심리법원의 지정문제가 생기지는 않는다.

소송허가절차를 진행함에 있어 심리의 중복을 피하고자 하는 소송경제적 고려와 당사자의 편의를 고려하여 법원은 임의적으로 관련 당사자들의 의견을 듣고 소송을 수행할 대표당사자 및 소송대리인을 정할 수 있도록 했다.

Q-22

소송허가결정의 고지와 통보는 어떻게 하나?

법원은 전국을 보급지역으로 하는 일간신문에 고지내용을 게재해야 하고,
한국증권거래소 또는 한국증권업협회에 즉시 통보해야 하며, 통보를 받은
한국증권거래소 또는 한국증권업협회는 그 내용을 일반인이 알 수 있도록
공시해야 한다.

사건이 집단소송으로 제기되었지만, 법원이 그 사건이 집단소송으로
다루기에 적절하다고 허가를 결정하기 전까지는 공식적으로 집단소
송이 아니다. 소송허가결정이 있어야 집단소송으로서의 성질을 가지
게 된다.

　소송허가결정이 확정되면 법원은 지체없이 다음의 사항을 구성원에게 고지해야 한다.

① 대표당사자와 그 법정대리인의 성명·명칭 또는 상호 및 주소
② 원고측 소송대리인의 성명·명칭 또는 상호 및 주소
③ 피고의 성명·명칭 또는 상호 및 주소
④ 총원의 범위
⑤ 청구의 취지 및 원인의 요지
⑥ 제외신고의 기간과 방법
⑦ 제외신고를 한 자는 개별적으로 소를 제기할 수 있다는 사실
⑧ 제외신고를 하지 아니한 구성원에 대하여는 증권집단소송에
　　관한 판결 등의 효력이 미친다는 사실
⑨ 제외신고를 하지 아니한 구성원은 증권집단소송의 계속 중에
　　법원의 허가를 받아 대표당사자가 될 수 있다는 사실
⑩ 변호사 보수에 관한 약정
⑪ 그 밖에 법원에 필요하다고 인정하는 사항

　위의 사항은 구성원 모두에게 주지시킬 수 있는 적당한 방법으로 대법원 규칙이 정하는 방법에 따라 고지해야 한다. 또한 법원은 전국을 보급지역으로 하는 일간신문에 위의 고지내용을 게재해야 한다.
　고지를 하는 이유는, 증권집단소송에는 다수의 이해관계인이 있으므로 집단소송을 허가할 때 그들의 이익을 보호하기 위하여 누구

에 의해 어떠한 규모의 집단소송이 제기되었는가, 구성원의 이익보호
는 어떻게 가능한가 등을 다수의 구성원들에게 명백히 해둘 필요가
있기 때문이다.

특히 집단소송의 구성원이 된 자에게는 소송의 승패를 불문하고
기판력이 미치므로, 이 기판력이 미치는 것을 원하지 않는 자는 제외
신청을 하고, 개별 제소의 길을 선택할 수 있도록 해야 하므로 허가
결정의 고지는 집단소송에 있어서 필수적인 요소이다. 따라서 증권집
단소송법은 전파력이 큰 수단인 전국을 보급지역으로 하는 일간신문
을 통하여 피해자들에게 널리 고지하도록 명시하고 있다. 또한 구성
원 모두에게 주지시킬 수 있는 적당한 방법 등(당사자의 고지절차 협

✎ 미니 증권상식

감자(reduction of capital) 회사가 일정한 방법에 의해 자본금을 줄이는 것을 감자
라고 하며, 주 금액을 줄이는 방법과 주식수를 줄이는 두 가지 방법이 있다. 주 금액
을 줄이는 방법은 주식수는 그대로 두고 액면가를 낮추는 것이고, 주식수를 줄이는
방법은 일정주식을 없애 버리는 소각과 몇 개의 주식을 합쳐서 하나로 만드는 병합
이 있는데, 보통 주식수를 감소시키는 주식소각방법을 많이 택한다. 회사가 감자를
하는 이유는 사업부문 매각 등 회사의 규모를 줄이거나 과거의 누적된 손실을 회계
상으로 처리하기 위해서이다. 예를 들어 2억원의 자본금을 가진 회사가 적자가 누적
되어 실제 자본금이 1억원밖에 남지 않았다면 장부상 자본금도 1억원으로 줄여야만
장부상 자본금과 실제 자본금이 동일하게 된다. 이러한 작업을 감자라고 하며, 자본
유치 등을 할 때에는 반드시 감자를 하게 된다. 수년 전 제일은행의 자본금이 부실채
권으로 인해 잠식되어 대규모의 감자를 한 경우가 이에 해당된다. 감자를 하는 또 다
른 이유는 회사의 분할이나 합병으로 인해 자본금의 변동이 생기는 경우이다. 이러
한 감자는 주주나 채권자에게 커다란 손해를 입히기 때문에 주주총회의 특별결의를
통해서 결정하게 되며, 채권자보호절차를 밟아야 한다.

력의무, 정형화된 고지방식 등)에 관한 사항은 대법원 규칙에서 정하
게 될 것이다.

또한 법원은 위의 고지내용을 한국증권거래소 또는 한국증권업협
회에 즉시 통보해야 하며, 통보를 받은 한국증권거래소 또는 한국증
권업협회는 그 내용을 일반인이 알 수 있도록 공시해야 한다.

법원이 증권집단소송을 허가하는 경우에 한국증권거래소와 한국
증권업협회에 허가결정사항을 통보하여 피해자들에게 소송허가 사실
을 고지함으로써 개별 피해자들이 소송에 참여하거나 제외신고 후
별도의 소송을 소송을 통해 권리보호를 받을 수 있도록 함과 동시에
일반인들에게 이 사실을 공시하도록 규정했다.

Q-23

집단구성원은 증권집단소송 계속 중에 대표당사자가 될 수 있을까?

법원의 허가를 받으면 대표당사자가 될 수 있다.

구성원은 증권집단소송의 계속 중에 법원의 허가를 받아 대표당사자가 될 수 있다. 법원의 허가여부결정에 관하여는 대표당사자가 되기 위하여 증권집단소송의 소를 제기하는 자와 피고를 심문하고 직권으로 필요한 조사를 할 수 있으며, 이 허가여부결정에 대하여는 불복할 수 없다.

이것은 대표당사자가 적절히 소송수행을 하고 있지 못한 경우에 구성원의 이익보호를 위하여 구성원이 소송에 관여할 수 있는 방안을 규정한 것이다. 구성원의 소송관여시기에 관하여는 허가결정이 나고 공고나 개별통지가 된 다음이면 족하다는 견해와, 허가절차 진행 중에 절실한 이해관계가 있는 구성원이라면 소송경제상 허가결정 전이라도 소송참가의 기회를 보장해 주어야 한다는 견해가 있다.

그러나 허가결정 전에는 병합심리의 길이 열려 있으므로 이에 의하도록 하고, 구성원의 소송관여는 소송허가결정 후에만 가능한 것으로 했다. 또한 구성원의 소송관여에 대한 허부를 결정함에 있어서는 당사자의 심문청구권을 보장한다는 의미에서 법원이 당사자를 심문해야 하고 필요한 사항을 직권으로 조사할 수 있도록 했다. 그리고 위의 허부결정에 대한 불복절차와 관련하여, 소송의 지연을 방지하고, 구성원이 제외신고를 하거나 별도의 소를 제기하여 다툴 수 있는 길이 있으므로, 별도로 불복절차를 두지 않았다.

대표당사자가 복수인 경우에는 1인의 대표당사자의 소송행위는 전원의 대표당사자의 이익을 위해서만 효력이 있으며, 그 1인의 대표당사자에 대한 소송행위는 전원의 대표당사자에 대하여 효력이 있다.

총원의 이익을 공정하고 적절히 대표하지 못하거나 중대한 사유가 있을 때이다.

법원은 대표당사자가 총원의 이익을 공정하고 적절히 대표하고 있지 못하거나 그 밖에 중대한 사유가 있는 때에는 직권 또는 다른 대표당사자의 신청에 의하여 소송수행을 결정으로 금지할 수 있고, 이 결정을 함에는 대표당사자가 되기 위하여 증권집단소송의 소를 제기하는 자와 피고를 심문하고 직권으로 필요한 조사를 할 수 있으며, 이 취소결정에 대하여는 즉시항고할 수 있다.

이것은 증권집단소송의 허가결정 후 소송진행 중에 대표당사자가 총원의 이익을 공정하고 적절히 대표하고 있지 못하거나 그 밖에 중대한 사유, 예를 들면 대표당사자가 금치산선고, 신병, 소재불명 등의 사유가 있는 경우에 그 대표당사자가 계속적인 소송수행을 하지 못하도록 소송수행을 결정으로 금지할 수 있도록 한 것이다. 이 경우의 소송수행금지는 허가취소가 아니라 소송수행을 공정하고 적절히 하지 못한 대표당사자의 소송수행을 금지시키는 것일 뿐이다. 집단소송의 허가가 있기 전에는 대표당사자가 소송수행을 적절히 하지 못할 것이 예상되는 경우에 법원이 집단소송 자체의 불허가결정을 할 수 있지만, 허가결정 후에는 대표당사자의 소송수행을 금지할 수 있을 뿐이다.

Q-23-2 즉시항고란 무엇일까?

신속한 해결의 필요상 1주일 안에 제기해야 되는 항고이다.

즉시항고를 제기하면 집행정지의 효력이 생긴다. 통상항고가 원칙이며 즉시항고는 법률에 "즉시항고할 수 있다"는 명문규정이 있는 경우에 예외적으로 허용된

✎ **미니 증권상식**

대차대조표(balance sheet: BS) 일정시점에 기업이 가지고 있는 자원(자산)과 기업에 대한 채권자 및 소유자의 청구권(지분)을 대조 표시한 보고서이다. 따라서 재무상태표라고도 할 수 있다. 대차대조표는 기업의 재정상태를 명백히하기 위해 일정시점에 보유하고 있는 모든 자산 및 부채의 금액을 적당히 구분·배열·분류·평가기준에 따라 기재하고, 또한 자본금액과 구성을 표시한다. 즉 대차대조표는 일정시점에 있어서의 재정상태의 단면이며 이러한 의미에서 정태표라고도 한다. 이에 비해 손익계산서는 일정기간 동안의 경영활동을 파악하는 것이므로 동태표라고 하며, 양자는 재무제표의 중심 부분이다.

다. 통상항고는 항고제기의 기간에 제한이 없는 항고로서, 항고의 이익이 있는 한 어느 때나 제기할 수 있다.

항고는 판결 이외의 재판인 결정과 명령에 대한 독립의 간이한 상소이다. 항고는 간이·신속한 결정절차에 의하고 원법원이 원결정을 변경할 기회를 갖게 되는 점에서 다르다.

Q-24 대표당사자의 사임과 결원도 가능할까?

정당한 이유가 있으면 사임할 수 있으며, 일정한 사유가 있으면 결원이 생길 수 있다.

Q-24-1 대표당사자는 소송수행 중 사임할 수 있을까?

있다.

대표당사자는 정당한 이유가 있을 때에는 법원의 허가를 받아 사임할 수 있다. 이것은 대표당사자의 증권집단소송 수행에 대하여 법원의 감독기능을 인정하고 있는 것이다. 정당한 이유란 대표당사자가 선임 후 신병 등으로 사임해야 할 사정변경이 있고, 대표당사자를 변경하더라도 다른 구성원들의 권리보호에 영향이 없는 경우를 들 수 있을 것이다.

Q-24-2 대표당사자의 결원도 생길 수 있을까?

있다.

대표당사자의 전부가 사망 또는 사임하거나, 소송수행이 금지된 경우에는 소송절차가 중단되고, 대표당사자가 되고자 하는 구성원은 법원의 허가를 받아 중단된 소송절차를 수계해야 하며, 소송절차의 중단 후 1년 이내에 수계신청이 없는 때에는 소가 취하된 것으로 본다. 법원은 대표당사자가 변경된 경우에는 상당한 방법으로 구성원에게 이를 고지해야 한다.

대표당사자의 변경이 있게 되면 제외신고나 소송관여 등 구성원의 이해관계에 중대한 영향을 미치게 되므로 그 변경을 법원이 정하는 상당한 방법으로 고지하도록 한 것이다. 그러나 대표당사자의 변경이 소송결과에 그다지 영향을 미치지 않는 경우도 있을 수 있고 또한 고지비용도 문제가 되므로 고지여부는 법원의 재량에 맡겼다.

Q-25

소송대리인인 변호사는 소송 중 사임할 수 있을까?

정당한 이유가 있는 때에는 법원의 허가를 받아 사임할 수 있다. 또, 대표 당사자는 상당한 이유가 있는 때 법원의 허가를 받아 소송대리인을 해임·추가선임·교체할 수 있다.

증권집단소송법은 증권집단소송의 경우 고도의 법률지식과 소송기술이 요구되므로 소송대리인의 선임을 의무화하고 있는 데다 성격상 공익소송에 해당하기 때문에 소송대리인에 관련된 사항에 관하여 특칙을 두어 법원의 감독기능을 강화하고 있다.

증권집단소송의 원고측 소송대리인은 정당한 이유가 있는 때에는 법원의 허가를 받아 사임할 수 있고, 대표당사자는 상당한 이유가 있는 때에는 법원의 허가를 받아 소송대리인을 해임·추가선임·교체할 수 있으며, 원고측 소송대리인의 전원이 사망 또는 사임하거나 해임된 때에는 소송절차는 중단되고 대표당사자가 법원의 허가를 얻어 소송대리인을 선임하여 소송절차를 수계해야 한다. 이 경우 소송절차의 중단 후 1년 이내에 수계신청이 없는 때에는 그 증권집단소송은 취하된 것으로 본다.

소송허가결정이 나면 당사자 이외에 소송대리인의 성명과 주소를 고지해야 하는데, 이는 구성원이 제외신고를 할 것인지의 여부 등을

✎ 미니 증권상식

결합재무제표 2개 이상의 기업이 특정인에 의해 지배되고 있는 경우 회사간 내부거래를 제거한 후 개별재무제표를 수평적으로 결합한 재무제표를 말한다. 과거에는 계열사끼리 통합해 단일 대차대차대조표와 손익계산서로 만든 연결재무제표 방식을 써왔으나 대상 기업의 범위가 작고 누락되는 계열사가 있어 그룹 전체의 재무상태나 경영성과를 제대로 알 수 없었다. 지배회사와 종속기업의 지분율만을 감안했기 때문이다. 이에 반해 결합재무제표는 회사간의 출자지분 비율만으로 작성 대상을 선정하는 것이 아니라 실질적인 지배력을 기준으로 삼고 있다. 이러한 문제점과 함께 IMF 사태 이후 결합재무제표를 도입해 기업회계 정보의 투명성을 제고하라는 요청이 잇따르자 정부는 결합재무제표의 전격적인 도입을 추진하여 1999년 사업연도부터 30대 그룹에 한하여 작성을 의무화했다.

기업들이 작성해야 할 재무제표는 전체 계열사와 금융업, 비금융업 등 3개 부문이며 그 종류는 대차대조표, 손익계산서, 현금흐름표와 결합자본변동표 등 4가지이다. 그리고 계열사간 내부지분율과 상호빚보증 현황 및 계열사간 담보제공과 상호자금 대차관계를 매트릭스 형태의 표로 만들어 일목요연하게 작성해야 한다. 그러나 국외계열사 지분총액과 매출·매입 거래는 총액만을 표시하면 된다.

결정하는 데에 소송대리인의 능력이 중요한 판단자료가 되기 때문이다. 따라서 소송대리인의 사임이나 해임은 구성원의 이해관계에 중대한 영향을 미치기 때문에 정당한 이유나 상당한 사유가 있는 경우에만 법원의 허가를 얻어 사임 또는 해임할 수 있도록 했다.

또한 소송대리인의 전원이 사망 또는 사임하거나 해임된 때에는 대표당사자는 법원의 허가를 받아 소송대리인을 선임할 수 있다. 그리고 이 경우 소송대리인의 선임에 법원의 허가를 요하도록 한 것은 소송대리인이 총원의 이익을 공정하게 대리할 수 있는 자이어야 한다는 증권집단소송의 기본적 성격으로부터 나온 것이다.

소송 도중 총원범위도 변경될 수 있을까?

증권집단소송의 허가결정 후 총원범위를 변경할 필요가 있을 때 법원이 후견적 입장에서 직권으로 또는 신청에 의하여 이를 변경할 수 있다.

법원은 필요하다고 인정하는 때에는 직권 또는 신청에 의하여 결정으로 총원의 범위를 변경할 수 있고, 법원은 이 결정에 의하여 구성원에서 제외되는 자와 새로이 구성원이 되는 자에게 결정내용을 고지해야 하며, 이 경우 새로이 구성원이 되는 자에 대하여는 소송허가결정을 고지하는 경우의 사항을 함께 고지해야 한다. 이 고지에는 소송허가결정의 고지방법에 준하여 고지해야 하며, 총원의 범위 변경결정에 대하여 즉시항고를 할 수 있다.

이것은 증권집단소송의 허가결정 후 총원범위를 변경할 필요가 있을 때 법원이 후견적 입장에서 직권으로 또는 신청에 의하여 이를 변경할 수 있도록 한 것이다. 여기서 신청은 원고와 피고가 할 수 있다. 그리고 총원범위의 변경에는 감축뿐만 아니라 추가도 해당된다. 증감원인으로는 피해액의 상이성 여부, 피해의 지속적 발생과 같은 피해발생기간의 연장, 구성원 내부에서의 분쟁해결방법에 관한 견해의 대립 등을 생각할 수 있다.

또한 총원범위의 변경이 있는 경우 법원은 결정내용을 고지하게 하고 있는바, 이것은 구성원에서 제외되는 자의 경우에는 새로이 시효중단을 시킬 필요가 있기 때문에, 그리고 새로이 구성원이 되는 자는 기판력을 받게 되므로 당해 소송에서 제외신고를 할 수 있는 기회를 부여할 필요가 있기 때문이다. 또한 즉시항고할 수 있도록 하고 있는 것은 총원의 범위 변경이 당사자의 이해관계에 중요한 결정임을 고려한 것이다.

Q-27

제외신고란 무엇이며,
언제 할 수 있을까?

구성원이 증권집단소송에 관한 판결 등의 기판력을 받지 아니하겠다는 의
사를 법원에 신고하는 것이며, 제외신고 기간 내에 할 수 있다.

제외신고란 구성원이 증권집단소송에 관한 판결 등의 기판력을 받지
아니하겠다는 의사를 법원에 신고하는 것을 말한다.

확정된 종국판결에 있어서 청구에 대한 판결내용은 당사자와 법
원을 규율하는 새로운 규준으로서 구속력을 가지며, 뒤에 동일사항이
문제되면 당사자는 그에 반하여 되풀이하여 다투는 소송이 허용되지
아니한다. 어느 법원도 다시 재심사하여 그와 모순·저촉되는 판단을

해서는 안되는데, 이러한 확정판결의 판단에 부여되는 구속력을 기판력이라고 한다.

구성원은 제외신고기간 내에 서면으로 법원에 제외신고를 할 수 있으며, 제외신고기간이 만료되기 전에 증권집단소송의 목적으로 된 권리와 동일한 권리에 대하여 개별적으로 소를 제기하는 자는 제외신고를 한 것으로 보며, 다만, 제외신고기간 내에 소를 취하한 경우는 그러하지 아니하고, 증권집단소송의 피고는 개별적으로 제기된 소에 관하여 법원에 신고해야 하며, 법원은 위의 신고된 사항을 대표당사자와 피고에게 통지해야 한다.

이것은 증권집단소송이 제기되면, 구성원은 자기의 권리를 대표당사자를 통해서만 행사하게 되는 반면, 판결의 효력은 그 결과가 유리한 것이든 불리한 것이든 직접 자신에게 미치므로 구성원 자신의 권리와 소송과의 관계를 정립할 기회를 부여하기 위한 것이다. 구성원은 법원이 허가결정시에 정한 제외신고기간 내에 서면으로 제외신

✎ **미니 증권상식**

부외자산 실제로 기업이 소유하고 있으나 회계장부에 기록되어 있지 않은 자산을 말한다. 본래 기업이 소유하고 있는 모든 자산은 회계장부에 기록되어야 하므로 부외자산이 회계상 인정받기 위해서는 정당한 이유가 있어야 한다. 따라서 부외자산은 소모품이나 소모공구, 가구, 비품, 기타 저장품처럼 중요성이 적고 매입시 또는 출고시 비용을 처리하는 방법을 채용한 경우이다. 이 밖에도 상각이 끝난 감가상각자산으로 사용 중인 것, 공장에 있는 것 등이 장부기록 이외의 자산으로 인정받는다. 이에 비해 부정한 부외자산은 부정한 목적에서 고의로 은폐시킨 자산으로서 비밀자산이라고도 한다.

고를 하게 되는데, 이것은 구성원이 집단소송에 의한 판결의 효력을 받지 않기 위한 가장 적합한 수단이 된다.

제외신고기간은 재정기간(재판기관이 재판으로 정하는 기간을 재정기간, 법률에 의하여 정해진 기간을 법정기간이라 한다)이므로 그 연장이 가능하다. 위의 제외신고기간이 만료되기 전에 증권집단소송의 목적으로 된 동일한 권리에 대하여 개별적으로 소를 제기하는 자는 제외신고를 한 것으로 보게 되는데, 위의 개별소송에는 통상의 공동소송도 포함된다.

Q-27-1 언제 제외신고를 해야 할까?

개별 소송으로 손실회복을 더 많이 할 수 있을 때이다.

일반적으로 제외신고는 다음 3가지 경우에 의미가 있다

① 당신이 많은 주식을 가지고 있고 당신 스스로 소송절차를 진행할 준비를 하고 있을 때

② 당신의 상황이나 이해관계가 집단의 다른 구성원들의 이해관계와 크게 다르다는 것을 믿을 만한 이유가 있는 경우

③ 당신 생각에 집단을 위한 대표당사자들과 소송대리인들이 당신에게 최선의 이익을 갖다 줄 수 있을지 염려되는 이유가 있는 경우

제외신고를 하기 전에 경험이 풍부한 집단소송 전문 변호사의 자문을 구하는 것이 좋다.

Q-28

시효중단의 효력은?

시효중단의 효력은 소송불허가결정이 확정된 때, 총원의 범위변경의 결정으로 구성원에서 제외된 때, 제외신고기간 내에 구성원의 제외신고가 있는 때로부터 6월 이내에 그 청구에 관하여 소가 제기되지 아니한 경우에 소멸한다.

소가 제기되면 소송법상 소송계속의 효과가 발생하고, 실체법상 시효중단의 효과와 법률상의 기간을 지킨 효과 등이 생긴다. 소제기에 의한 시효중단의 근거에 관하여는 권리자가 권리 위에 잠자지 않고 단호하게 권리를 행사하는 점에 근거를 찾는 권리행사설이 법원의 입장이다.

증권집단소송의 소제기로 인한 시효중단의 효력은 소송불허가결
정이 확정된 때, 총원의 범위변경의 결정으로 구성원에서 제외된 때,
제외신고기간 내에 구성원의 제외신고가 있는 때로부터 6월 이내에
그 청구에 관하여 소가 제기되지 아니한 경우에 소멸한다.

위의 소송불허가결정이 확정된 때에는 집단소송의 소장제출시에
'불허가결정 확정 후 6개월 이내에 소가 제기되지 않을 것'을 해제조
건으로 하여 시효중단의 효력이 발생하게 되는 것이며, 이는 민법 제
170조 제1항에서 규정하고 있는 시효중단의 법리와 동일한 구조를
취하고 있다. 총원의 범위변경의 결정으로 구성원에서 제외된 때, 제
외신고를 통하여 스스로 구성원에서 제외된 자의 경우에도 이들이
집단소송에서 탈퇴하기 전까지는 공동운명적 책임을 지고 있으므로
이 법에 의한 소의 제기가 이들에 대하여도 시효중단의 효력을 미치
도록 함이 상당하여 이를 인정한 것이다.

동일한 구성원을 대상으로 하는 동일사안에 대하여 수개의 증권

집단소송이 제기된 경우에는, 최초에 제기된 소송의 일자를 기준으로
시효중단의 효력이 생기게 될 것이다.

📐 사기 관련 유머

신용카드 도난 환영!?

텍사스에 낭비벽이 아주 심한 한 여인이 살고 있었다. 어느 날, 쇼핑을 하던 그녀는 자신의 신용카드가 전부 들어 있는 지갑을 도난당했다. 그녀는 카드를 도난당한 사실을 경찰에 신고했지만, 남편에게는 자세히 알리지 않았다. 남편은 그녀의 낭비벽을 아주 싫어했기 때문이었다.

몇 주 뒤, 남편은 아내의 카드대금이 예전보다 아주 적어진 것을 알게 되었다. 남편은 그녀의 절제의지를 높이 사고, 그 상태를 계속 유지하기를 원했다. 아내는 카드 절도범이 많은 손해를 입히기 전에 카드를 취소했으며, 남편이 자신의 사치스러운 쇼핑행각이 끝났다고 믿게끔 했다.

그날 밤, 경찰관이 남편을 찾아와 그의 아내의 이름으로 되어 있는 몇 개의 신용카드를 갖고 있는 절도범을 조금 전에 체포했다고 말했다. 남편은 경찰관에게 고맙다고 말한 뒤, 절도범이 그 카드를 계속 갖고 다니도록 해달라고 부탁했다. 경찰관이 왜냐고 묻자, 남편은 그 카드가 아내에게 돌아가는 것을 원하지 않았는데, 왜냐하면 그 절도범이 아내가 써대던 돈의 약 절반 정도만을 쓰기 때문이라고 대답했다.

3장

소송절차

Q-29

법원의 감독기능이 강화되었다는데 그 의미는?

집단소송은 법원의 강력한 소송진행 권한에 의하여 진행되고 결정되므로 전담재판부의 적절한 구성과 충분한 전문보조인력의 확보 등 공정하고 정확한 소송진행을 위한 노력을 필요로 한다. 따라서 증권집단소송의 공익적 성격을 감안하여 법원의 적극적이고 광범위한 재량 및 권한을 강화하고 있다.

Q-29-1 우리나라 증권집단소송법은 직권탐지주의를 도입했나?

도입하지 않았다.

직권탐지주의란 소송자료의 수집 및 제출의 책임을 당사자가 아닌 법원이 부담하는 입장을 말한다. 이에 대하여 변론주의는 소송자료 즉 사실과 증거의 수집 및 제출의 책임을 당사자에게 맡기고, 당사자가 수집하여 변론에서 제출한 소송자료만을 재판의 기초로 삼아야 한다는 입장이다. 소송자료란 넓은 의미에서는 사실자료 이외에 증거자료를 포함하나(=공격방어방법), 좁은 의미에서는 사실자료만을 가리킨다.

직권탐지주의를 도입하지 않은 이유는 무엇일까. 증권집단소송도 본질적으로는 행정소송절차가 아닌 민사소송절차라는 점을 감안하고, 구성원의 소송절차 참여 보장을 통해 간접적으로 그 필요성을 대체할 수 있을 것으로 판단했기 때문이다.

그렇지 않다.

변론주의하에서는, 당사자는 주요사실을 주장하지 않으면 유리한 법률효과의 발생이 인정되지 않을 위험 또는 불이익을 부담하게 되는데, 이와 같은 당사자 일방의 위험 또는 불이익을 주장책임이라 한다(주장이 없을 때 패소위험). 입증책임이란, 소송상 어느 요증사실의 존부가 확정되지 않을 때에(진위불명=진실인지 허위인지 불명) 당해사실이 존재하지 않는 것으로 취급되어 법률판단을 받게 되는

✎ **미니 증권상식**

자사주 매입(self tender, buy back) 상장법인이 자기명의와 계산으로 자사발생주식을 취득하는 것이다. 1998년 개정된 증권거래법에 의하면 모든 상장기업은 자기자본에서 자본금과 법정준비금을 뺀 나머지 재원으로 얼마든지 자사주를 매입할 수 있다. 이는 IMF 이후 내국인은 물론이고 외국인에게도 적대적 M&A가 전면 허용됨에 따라 기업의 적절한 방어대책으로 도입된 것이다.

당사자 일방의 위험 또는 불이익을 말한다.

증권집단소송법이 변호사 강제주의를 채택하고 있어 원고의 법률적 지식이 부족하다고 할 수 없을 뿐만 아니라 증권집단소송이 다른 유형의 집단소송과 달리 원고를 보호할 필요가 상대적으로 적다는 점 등을 감안하여 주장책임을 완화하는 특칙을 두지 아니하였다.

입증책임과 관련하여 증권거래법 자체에 이미 원고의 입증책임을 완화하는 규정이 별도로 마련되어 있고(증권거래법 제15조 제2항), 대법원 판례도 의료, 공해분쟁 등과 같이 현대형 소송의 경우 증명책임을 상당히 완화해 나가는 추세에 있는 점 등을 감안하여 특칙을 두지 아니하였다.

Q-29-3 나는 주식의 소유권에 대한 입증이 필요할까? 가장 좋은 입증방법은?

입증이 필요하다. 가장 좋은 입증방법은, 당신이 주식을 매수할 때 받은 확인서이다. 또 당신이 주식을 매수한 시기와 가격을 보여주고 있는 신고서를 사용할 수도 있다.

당신은 이 서류를 안전한 곳에 보관하고 있음을 확인해야 한다. 당신은 사건이 해결된 이후에 이 서류를 분배관리인에게 제출해야 한다. 법원은 상당한 방법으로 분배계획의 요지 등을 집단의 구성원에게 고지해야 한다. 당신은 이 서류를 보낼 시기를 통지받게 될 것이다.

Q-30

증거조사절차는 어떻게 될까?

일반 민사소송법과는 달리 직권증거조사 및 당사자신문의 보충성을 폐지하고, 문서제출명령과 증거보전의 특칙을 두고 있다.

1. 직권증거조사 및 당사자신문의 보충성 폐지

집단소송의 공익적 성격을 반영하여 현행 민사소송법과 달리 직권증거조사와 당사자신문의 보충성을 인정하지 아니하였다. 특히 당사자신문의 경우, 당사자 이외에 구성원을 신문할 수 있도록 함과 동시에 그 신문결과에 대하여 독자적인 증거가치를 부여하고 있다.

법원은 필요하다고 인정하는 때에는 직권으로 증거조사를 할 수

있다. 민사소송법상으로는 당사자가 신청한 증거에 의해 심증을 얻을
수 없는 경우 등에 한해 직권으로 증거조사를 할 수 있는 데 비해, 증
권집단소송에 있어서는 법원이 필요하다고 인정하는 때에는 언제든
지 직권으로 증거조사를 할 수 있도록 함으로써 이를 보충적이 아닌
원칙적인 형태로 했는데, 이것은 집단소송의 공익적 성격을 반영한
것이다.

2. 문서제출명령 등의 특칙

법원은 필요하다고 인정하는 때에는 소송과 관련있는 문서를 소
지하고 있는 자에 대하여 그 문서의 제출을 명하거나 송부를 촉탁할
수 있다.

이 문서제출명령이나 문서송부촉탁을 받은 자는 정당한 이유 없
이 그 제출이나 송부를 거부할 수 없다. 다만, 공공기관의 정보공개
에 관한 법률이 정한 일정한 사유가 있는 문서, 민사소송법의 규정에
의하여 제출을 거부할 수 있는 문서의 경우는 예외로 하고 있다.

대표당사자와 피고는 법원에 문서제출명령 등을 신청할 수 있다.
이에 관하여는, 민사소송법 관련조항 소정의 문서제출의무는 매우 제
한적으로 규정되어 있으나, 증권집단소송법은 증권집단소송의 공익
적 성격에 비추어 집단소송에서의 문서제출의무를 증인의무와 같은
일반적인 사법협력의무로 끌어올려 법원의 판단에 일임했는데, 이는
당사자의 입증의 편의를 도모하기 위한 것이다.

이는 당사자 대등의 원칙상 원고뿐만 아니라 피고에게도 신청권

공정공시제(fair disclosure) 상장회사와 코스닥 등록기업이 주가에 영향을 미칠 만한 중요 정보를 기관투자가 등 특정인에게 제공했을 때 이를 일반 투자자에게도 즉시 알리도록 하는 제도. 주가에 영향을 줄 수 있는 기업정보를 모든 이해관계자들에게 동시에 알리고자 2002년 11월부터 도입되었다. 공정공시의무를 1년에 4회 위반한 기업은 관리종목(증권거래소)이나 투자유의종목(코스닥)으로 지정되고, 그 후 6개월 이내에 2회 위반하면 시장에서 퇴출당한다. 주요 공시대상에는 매출액, 순이익, 영업이익에 대한 전망과 예측도 포함된다. 반기보고서 등 정기보고서를 제출하기 이전에 영업실적을 외부에 알릴 때에도 공시를 해야 한다. 주요 공정공시 내용에는 ① 신규사업 추진, ② 신시장 개척, ③ 주된 업종변경, ④ 회사조직 변경, ⑤ 신제품 개발 및 생산, ⑥ 신기술 개발, ⑦ 국내외 기업과의 전략적 제휴 등의 내용들이 포함된다. 공정공시 의무자에는 ① 회사에 대한 자신의 영향력을 이용해 이사에게 업무집행을 지시한 사람, ② 이사가 아니면서 명예회장, 회장 등의 명칭을 사용해 회사의 업무를 집행한 사람, ③ 임원의 임명과 해임 등 주요 경영사항에 대해 사실상 영향력을 행사하는 주주 등이 해당된다.
공정공시 정보제공 대상자에는 증권사, 투자자문사, 선물업자, 자산운용사, 방송사, 신문사, 증권정보사이트 등 투자관련업체들이 모두 포함된다. 기업설명회(IR)를 할 때에는 그 내용을 요약해 공정공시하고, 원문과 요약정보를 법인 홈페이지 등에 게재해야 한다. 펀드매니저와 애널리스트에게 확정되지 않은 정보를 컨퍼런스 콜을 통해 전달할 때도 마찬가지이다.

이 인정되고 있으며, 문서제출이나 송부촉탁 명령을 받은 상대방은 자신이 그 문서를 소지하고 있지 않거나 정당한 사유로 이를 이행할 수 없음을 소명한 경우에는 거부할 수 있으므로 문제가 없다. 정당한 이유라 함은 업무상 중대한 비밀에 관한 것이거나 관련이 없거나 적절하지 아니한 문서라거나, 혹은 그 문서를 제출하는 데 부당히 과다한 비용이나 시간이 드는 등의 사유를 예시할 수 있을 것이다.

3. 증거보전의 특칙

　법원은 미리 증거조사를 하지 아니하면 그 증거를 사용하기 곤란한 사정이 있지 아니한 경우에도 필요하다고 인정하는 때에는 당사자의 신청에 따라 증거조사를 할 수 있다.

　증권집단소송의 경우에도 증거보전을 위한 증거조사는 민사소송법의 규정에 의하여 실시할 수 있지만 본안절차뿐만 아니라 집단소송의 허가절차단계 등에서도 독자적인 목적으로 증거조사를 실시할 필요가 있을 것이 예상되므로 이와 같은 규정을 둔 것이다.

　또한 증거보전의 요건에 있어서도 민사소송법상의 보충성의 요건을 완화했다. 증권집단소송의 공익적 성격상 앞으로 제기될 많은 경우의 소송이 증거보전절차부터 시작될 것이므로 이 규정의 적극적 활용이 예상된다.

Q-31

손해배상액은 어떻게 계산될까?

증권거래법 그 밖의 다른 법률에 규정이 있는 경우에 그에 따른다.

손해배상액의 산정에 관하여 증권거래법 그 밖의 다른 법률에 규정이 있는 경우에 그에 따른다. 법원은 증권거래법 그 밖의 다른 법률의 규정에 의하거나 증거조사에 의하여도 정확한 손해액의 산정이 곤란한 경우에는 제반사정을 참작하여 표본적·평균적·통계적 방법 그 밖의 방법으로 이를 정할 수 있다.

주가변동으로 인한 손해배상의 산정은 ① 1주당 손실액의 산정, ② 손해기간 중 거래 주식수의 산정을 거쳐 이를 곱하여 결정된다.

위 두 가지 계산 중 특히 손해기간 중 거래주식수 산정과 관련하여 정확한 산정은 사실상 불가능하다. 주식은 끊임없이 거래되며 손해기간 중 1주의 주식이 수백 번 주인이 바뀌기 때문이다.

위 계산을 위하여는 매우 복잡한 회계와 재무이론을 이용하여 거래주식수를 추정하게 되는데, 그 부정확성으로 말미암아 분배절차 이후 승소금액이 남는 경우가 종종 발생하고 있으며, 어떠한 산정방식을 선택하느냐에 따라 전체 승소금액의 30% 이상 달라지는 경우가 발생하기도 한다.

증권집단소송의 화해 또는 판결로 인한 손해배상은 회사가 손해를 본 주주에게 지급하는 것이다.

손해를 본 주주란 경우에 따라서 현재 그 회사의 주식을 소유하고 있는 사람일 수도 있고 그 주식을 소유했다가 판 사람일 수도 있다.

> ✎ **미니 증권상식**
>
> **공매**(short sale) 신용거래를 이용하면 현물이 없더라도 주식을 팔 수 있다. 이것은 증권회사나 증권금융회사로부터 빌린 주식을 시장에 파는 것으로, 형태적으로는 실물거래이지만 가지고 있지 않은 주식을 팔기 때문에 공매라고 한다. 이렇게 해서 판 주식의 가격이 하락하면 그 주식을 다시 매입하여 차익을 얻을 수 있다. 공매는 연계매도를 제외하면 장차 매입세력이 되므로, 공매가 늘고 있다면 일반적으로 시세의 기조가 강해지고 있음을 의미한다.

회사의 손해배상 결과는 곧 회사 자산가치 감소를 초래하고 이는 곧 주가의 하락으로 나타나 그 손해는 결국 현재 그 회사의 주주들이 부담하게 된다. 회사의 위법행위로 인한 수익이 정확하게 측정되어 손해배상이 이루어지지 아니하는 경우 주주간의 이해관계를 왜곡하는 결과를 초래할 우려가 있다.

Q-31-3 구체적 산정방법은 있을까?

유감스럽게도, 법률화되어 있는 정확한 손해액 산정법은 없다.

증권거래법상 규정되어 있는 다양한 유형의 손해배상책임을 모두 포괄할 수 있는 손해액 산정방법을 법조문화하는 것은 사실상 불가능하다.

우리 재판실무는 주가조작의 경우에 법원이 당사자에게 주가조작이 없을 때의 정상가격을 제시할 것을 요구하고 감정의뢰를 병행하는 방법으로 손해배상액을 산정하고 있으나, 결국은 주가추세선을 정하는 기준 등 여러 가지 요소에 따라 구체적 산정액수가 달라질 수밖에 없다.

따라서, 원칙적으로 법원에 의한 사실조회 및 감정 등을 통하여 손해배상액의 산정이 이루어져야 할 것이나, 그러한 방법으로도 손해배상액 산정이 불가능한 경우에 법원의 심리부담을 덜어주기 위하여 인과관계를 떠나서 손해배상액을 산정할 수 있는 몇 가지 방법을 예시하여 심리에 있어서의 보조적인 원칙을 인정함으로써 구체적으로 타당성 있는 산정방법을 찾도록 한 것이다.

Q-31-4 시장손실이 나의 손해액일까?

반드시 그렇지는 않다.

손해액은 순수하게 경제적 계산법인 당신의 시장손실과 같거나 또는 같지 않을 수 있는 복잡한 법률적 계산법이다. 증권집단소송에서 손해액을 산정하기 위하여, 소송대리인은 피고 회사의 주식이 피해기간 동안 인위적으로 상승된 금전상의 액수를 계산하기 위하여 전문가를 고용할 것이다. 본질적으로 그 전문가들은 피해기간 동안 피고의 부적절한 행위가 없었다면 회사의 주식이 얼마에 거래되었는지를 결정할 것이다.

전문가들이 이 계산을 위하여 고용되는 이유는 주장된 증권범죄 이외에 회사의 주식가격의 하락에 원인이 된 다른 요인들이 있을 것이기 때문이다. 이것은 당신의 손해가 필연적으로 시장손실과 동일하지 않을 수 있는 이유이다.

Q-32

소취하, 화해 및 청구포기란?

담합소송의 방지를 위하여 반드시 있어야 할 근간이 되는 규정으로서 소의 취하, 소송상의 화해 또는 청구포기는 수소법원의 허가를 받도록 하고 있다. 집단소송에 있어서의 화해나 청구포기는 그 기판력이 집단구성원에게 미치므로 구성원의 의견을 듣도록 하고 있다.

증권집단소송에 있어서 소의 취하,* 소송상의 화해** 또는 청구의 포기***는 법원의 허가를 받지 아니하면 그 효력이 없고, 법원이 위의 허가에 관한 결정을 하고자 하는 때에는 미리 집단구성원에게 이를 고지하여 의견을 진술한 기회를 부여해야 하며, 이 경우에는 고지를 해야 하고, 민사소송법상의 쌍방불출석시의 소취하간주에 관한 규정을 적용하지 아니한다.

> * 원고가 제기한 소의 전부 또는 일부를 철회하는, 법원에 대한 단독적 소송행위. 이에 의하여 소송계속은 소급적으로 소멸되고 소송은 종료된다. 소송상의 청구에 대한 불리한 진술이 아니고, 단순한 심판신청의 철회이다.
>
> ** 소송계속 중 양쪽 당사자가 소송물인 권리관계의 주장을 서로 양보하여 소송을 종료시키기로 하는 기일에 있어서의 합의.
>
> *** 변론 또는 변론준비기일에서 원고가 자기의 소송상의 청구가 이유 없음을 자인하는, 법원에 대한 일방적 의사표시. 소송상의 청구에 대한 불리한 진술이다.

이것 역시 증권집단소송의 공익적 성격에 비추어 민사소송법상의 원칙인 처분권주의를 제한하고 있다. 담합소송의 방지를 위하여 반드시 있어야 할 근간이 되는 규정으로서 소의 취하, 소송상의 화해 또는 청구포기는 수소법원의 허가를 받도록 하고 있으며, 집단소송에 있어서의 화해나 청구포기는 그 기판력이 구성원에게 미치므로 집단구성원의 의견을 듣도록 한 것이다. 민사소송법상의 쌍방불출석 규정의 적용을 배제하고 있다. 즉, 민사소송절차에서는 당사자 쌍방이 기

✎ 미니 증권상식

공개매수 주로 경영권을 지배하기 위해 주식의 매입 희망자가 매입기간, 주식수, 가격을 공표해서 증권시장 밖에서 공개적으로 매수하는 방법이다. 특정기업을 인수하기 위해 주식을 공개적으로 매입한다는 의사를 밝히고 현 시가보다 비싼 가격으로 살 테니 주식을 팔라는 형식으로 제의하게 된다. 주주들은 시가보다 비싼 가격에 팔 수 있기 때문에 선뜻 매도의사를 표시하므로 매입자는 단시일 내에 경영권을 행사할 수 있게 된다.

일에 불출석(또는 변론하지 않거나)한 경우 다시 기일을 정하여 쌍방을 소환하되, 새 기일에도 다시 불출석한 경우 등에는 소의 취하가 있는 것으로 간주하고 있다. 그러나 증권집단소송은 공익적 성격이 강한 소송이어서 대표당사자가 변론기일에 출석하지 않거나 변론하지 아니한 경우에는 소송수행을 게을리하여 총원의 이익을 적절히 대표하지 못하는 것으로 보아야 하기 때문에 증권집단소송법 제22조 규정에 의하여 소송수행을 금지하고 대표당사자를 변경해야 할 것이므로 민사소송법상의 쌍방불출석 규정을 적용하지 않기로 한 것이다.

■ 상소취하 및 상소권 포기의 제한

상소의 취하 또는 상소권 포기의 경우에도 소취하에 관한 규정을 준용한다. 대표당사자가 기간 내에 상소하지 아니한 경우에는 상소제기기간이 만료된 때부터 30일 이내에 집단구성원이 법원의 허가를 받아 상소를 목적으로 하는 대표당사자가 될 수 있으며, 대표당사자가 된 자의 상소는 법원의 허가를 받은 날부터 2주 이내에 해야 한다.

당사자의 적극적인 의사표시에 의한 소송의 종결로서, 화해·소취하와 같은 성질인 상소취하의 경우에는 화해·소취하에 관한 규정과 같은 방법으로 집단구성원에 대한 고지 및 의견진술기회의 부여와 법원의 허가에 의하여 감독하도록 규정하면 될 것이다. 다만 불변기간의 도과로 인한 소송 종료의 경우에는 별도로 규정할 필요가 있으므로, 전자의 경우에는 "상소취하의 경우에도 준용"하도록 규정하고, 후자의 경우에는 "대표당사자가 기간 내에 항소하지 아니하거나

항소를 포기한 경우 항소기간이 만료된 때 또는 항소를 포기한 경우
로부터 30일 이내에 구성원이 법원의 허가를 받아 항소를 목적으로
하는 대표당사자가 될 수 있다"라고 정하고 있다. 원심판결이 고지되
므로 집단구성원에 대한 별도의 고지는 필요하지 않다.

Q-33
판결서의 기재사항과 인적범위는?

법원이 판결을 선고하는 때에는 주문 자체에 의하여 기판력이 미치는 인적범위가 특정되어야 할 것이므로, 주문에 총원의 범위 및 제외신고를 한 구성원을 기재하도록 했다.

1. 판결서의 기재사항

판결서에는 민사소송법 제208조 제1항 각호의 사항(당사자와 법정대리인, 주문, 청구의 취지 및 상소의 취지, 이유, 변론을 종결한 날짜, 법원, 법관의 서명날인)과 다음의 사항을 기재해야 한다.

① 원고측 소송대리인과 피고측 소송대리인

② 총원의 범위

③ 제외신고를 한 구성원

법원은 금전지급판결을 선고함에 있어서는 제반사정을 참작하여 지급의 유예와 분할지급 그 밖에 상당한 방법에 의한 지급을 허락할 수 있고, 법원은 판결의 주문과 이유의 요지를 소송허가결정의 고지 방법에 따라 고지해야 한다.

법원이 판결을 선고하는 때에는 주문 자체에 의하여 기판력이 미치는 인적범위가 특정되어야 할 것이므로, 주문에 총원의 범위 및 제외신고를 한 구성원을 기재하도록 한 것이다. 증권집단소송에서 손해배상 등 금전지급을 명하는 경우에 그 배상액은 상당히 고액인 경우가 많을 것이므로, 피고의 입장을 배려하여 금전지급판결을 선고함에 있어 유예기간을 허락하거나 분할지급을 명할 수 있도록 한 것이다.

2. 기판력의 인적범위의 확장

확정판결은 제외신고를 하지 아니한 집단구성원에 대하여도 그 효력이 미친다. 증권집단소송에 대한 판결은 그 본질상 당사자나 참가인 이외에도 제외신고를 하지 아니하는 한 총원의 구성원 모두에게 그 효력이 미치게 된다.

한편, 화해나 청구포기의 경우에도 그 효력이 집단구성원 모두에게 미친다는 내용의 규정을 별도로 둘 것인가에 대한 논의가 있었으나, 민사소송법 제206조에서 화해나 청구포기는 조서에 이를 기재한 때에는 그 조서가 확정판결과 동일한 효력을 가진다고 규정하고 있고, 증권집단소송법 제6조에서 증권집단소송에 관하여 특별한 규정이 없는 경우에는 민사소송법을 적용한다고 하고 있어 해석상 해결이 가능하므로 별도의 규정을 두지 않았다.

Q-33-1 나는 집단소송의 분쟁해결에 구속을 받을까?

구속을 받는다.

만약 공정성을 위하여 필요한 절차상의 보호를 다했다면, 참가하지 않은 모든 구성원들은 그 사건의 판결 등의 효력에 구속된다. 그러나 만약 소송이 기본적으로 보상적인 손해를 위한 것이라면, 참가하지 않은 구성원들은 소송절차로부터 자신들을 제외시킬 통지와 기회를 받을 권리를 가진다. 집단구성원이 집단소송에 관한 판결 등의 효력을 받지 아니하겠다는 의사를 법원에 신고하는 제외신고를 했다면 집단소송의 결과에 구속되지 않는다.

담배에 불났으니, 보험금을 지급하라?

샌디에고에 사는 한 남자가 아주 비싼 시가 한 갑을 산 뒤 시가에 대한 화재보험에 들었다. 한 달 뒤 그는 시가를 전부 피웠고, 보험증서에 나와 있는 대로 1회차 보험료를 낸 뒤, 보험회사를 상대로 보험금 청구소송을 제기했다. 이 청구에서 남자는 '연속된 작은 화재'로 시가를 모두 잃어버렸다고 주장했다. 보험회사는 "그는 정상적인 방법으로 시가들을 모두 소비했다"는 명확한 이유를 들어 보험금 지급을 거절했다. 그러자 남자는 소송을 제기, 재판에서 이겼다. 어떻게 된 일일까.

담당 판사의 판결을 보자. 남자가 갖고 있는 보험증서에는 시가들이 보험의 대상이라고 해, 시가들이 화재보험에 들어 있음을 증명하고 있다. 그러나 보험증서에는 화재의 종류가 설명되어 있지 않다. 그러므로 보험회사는 남자의 손해에 대해 보험금을 지급하라는 것이었다.

항소절차는 시간이 오래 걸리고 비용이 많이 들기 때문에 보험회사는 항소를 포기하고 남자에게 화재로 인한 손실을 본 비싼 시가들에 대하여 1만 5천 달러를 지불하라는 판결을 받아들였다.

그러나 남자가 수표를 현금으로 바꾼 뒤, 보험회사는 남자를 24번의 연속방화 혐의로 체포했다. 자신에 대한 증거로 이용된 남자의 보험금 청구서와 1심에서의 증언으로, 남자는 시가를 고의로 불지른 혐의에 대해 유죄선고를 받고 24번의 연속방화죄로 구금되었다.

4장

분배절차

Q-34

판결 뒤 권리실행은
어떻게 하는가?

대표당사자는 집행권원을 취득한 때에는 지체없이 그 권리를 실행해야 하며, 권리실행으로 금전 등을 취득한 경우에는 대법원 규칙이 정하는 바에 의하여 보관해야 하고, 권리실행이 종료된 때에는 그 결과를 법원에 보고해야 한다.

대표당사자가 집행권원을 취득한 경우 지체없이 집행절차를 취하도록 의무를 부과하고 있다. 집행권원상의 채권자는 대표당사자가 되므로 대표당사자가 집행절차를 취하도록 함이 타당하기 때문이다. 따라서 집단구성원은 선정당사자소송에 있어서의 선정자와는 달리 판결

이유상 기재된 구성원의 일정한 채권금액에 대하여 개별적으로 승계 집행문을 부여받아 집행채권자로서 자신의 채권에 한하여 집행할 수 없다.

또한 대표당사자는 권리실행한 금전 등을 분배받기 위하여 대법원 규칙이 정하는 바에 따라 보관해야 하는데, 통상 은행에 예치하도록 할 것이 예상된다. 권리실행의 결과라 함은 권리실행의 경과 및 그 결과 등을 의미한다. 법원은 권리실행의 상황을 파악하여, 분배계획안을 작성할 기간을 정할 수 있도록 하기 위하여 대표당사자 등이 권리실행의 결과를 법원에 보고하도록 하고 있다.

집단소송의 분배절차에서 집단구성원의 수가 많으면 집단에 속하는지 여부가 불확실한 경우가 많아 배상액의 산정 및 분배가 어렵기 때문이다. 미국의 경우, 법원은 일정하게 한정된 기금을 낭비하지 않으면서 저렴한 비용으로 피해자를 구제하는 데 역점을 두고 있다.

제1단계로 법원은 소송지휘권에 근거하여 피고의 손해배상책임이 확정되었다는 뜻 및 각 구성원은 손해배상의 청구를 할 수 있다는 뜻을 각 구성원에게 통지할 것을 명령한다. 제2단계로 법원은 집단구성원의 증명 가능한 손해의 총액을 확정하게 되는데, 집단의 구성원은 각자가 입은 손해를 증명하고, 피고가 구성원별 배상액 산정에 충분한 기록을 가지고 있을 때에는 이에 기초할 수 있다. 제3단계로 증명 가능한 손해의 총액이 확정되면 통지비, 변호사 보수 등의 비용을 각자의 채권액에 비례하여 공제하고, 그 나머지를 구성원에게 분배한다.

분배에 관한 법원의 처분, 감독 및 협력 등은 제1심 수소법원의 전속관할이다.

분배법원은 제1심 수소법원의 전속관할임을 명백히 하고 있다. 분배절차는 단순하고 형식적인 사무가 아니라, 구성원이 권리신고에 따라 권리를 확인하고 확인된 권리에 대하여 적정하고 공평한 방법에 의하여 분배를 하는 등 소송의 후속절차이다. 따라서 조직적이고 효율적으로 관리되어야 하므로, 집단소송을 수리·심리·판단한 제1심 수소법원이 분배법원이 되어 분배에 관한 처분·감독·협력 등의 권한을 행사하도록 한 것이다.

Q-35

분배관리인이란?

분배업무를 담당하는 자를 말한다. 법원은 직권 또는 대표당사자의 신청
에 의하여 분배관리인을 선임해야 한다.

1. 분배관리인의 선임절차

　분배관리인은 분배업무를 담당하는 자를 말한다. 법원은 직권 또
는 대표당사자의 신청에 의하여 분배관리인을 선임해야 한다. 분배관
리인은 법원의 감독하에 권리실행으로 취득한 금전 등의 분배업무를
행하고, 법원은 분배관리인이 분배업무를 적절히 수행하지 못하거나
그 밖의 중대한 사유가 있는 때에는 직권 또는 신청에 의하여 분배관

리인을 변경할 수 있다.

분배업무는 권리실행한 금원을 구성원에게 분배하는 절차로서 권리실현을 위한 소송절차의 후속절차이므로, 법원이 이를 주도적으로 관여하는 것은 적절하지 아니하다. 따라서 법원으로서는 분배의 성질 등 제반사정을 고려하여 분배를 적절히 수행할 수 있다고 인정되는 자를 분배관리인으로 선임하고, 분배관리인으로 하여금 분배절차를 주재하도록 한 것이다.

분배업무를 전문적으로 하는 자를 분배관리인으로 선임할 수 있으나, 분배절차가 단순히 기술적인 것만은 아니고 증권집단소송의 성격에 따라 정의와 형평에 부합하게 분배업무를 수행해야 하는 만큼 대표당사자 등(통상 대표당사자의 소송대리인)이 분배관리인이 되어 분배업무를 담당하는 것이 가장 바람직한 형태가 될 것이다. 또한 실제에 있어서도 소송의 흐름을 가장 잘 파악하고 있는 대표당사자의 소송대리인이 분배업무를 맡아서 할 것이다.

또한 분배관리인은 선량한 관리자의 주의를 가지고 그 직무를 수행해야 하며, 이러한 주의를 게을리 한 경우에는 집단구성원에 대하여 손해배상책임을 지게 될 것이다.

분배관리인이 여러 명인 경우의 업무집행절차와 관련하여 별도의 규정이 없다. 소송절차에 있어서 대표당사자가 복수인 경우에는 증권집단소송법 제20조에서 민사소송법 제67조 제1항 및 제2항의 규정을 준용하도록 하고 있으나, 분배절차에 있어서는 그 성격상 이러한 규정이 그대로 준용된다고 볼 수 없다. 오히려 회사정리법 제97조, 파산법 제153조의 각 규정을 유추적용하여 분배관리인이 수인인 경우에는 공동으로 그 직무를 행하거나, 법원의 허가를 얻어 직무를 분장할 수 있으며, 제3자의 의사표시는 그 1인에 대하여 하면 되는 것으로 해석함이 상당할 것이다.

분배관리인이 직무를 적절히 수행하지 못하는 경우에는 증권집단소송법 제22조(대표당사자의 소송수행금지) 규정을 유추적용하면 될 것이고, 이 경우 분배관리인에게 중대한 사유가 있는 때라 함은 분배관리인이 사망·사임하는 경우 등을 의미한다고 보면 된다. 또한 분배관리인은 공익적 성격을 지니고 있고 그 역할도 중요하므로 자격요건을 별도로 규정할 것인가 하는 점과 관련하여, 분배관리인은 법원이 직접 선임하고 법원의 감독하에 업무를 수행하도록 하고 있으므로 별도의 자격요건은 필요하지 않다는 것이 일반적인 견해이다.

✎ **미니 증권상식**

역외펀드(off-shore fund) 역외펀드란 국내에서 자금이 조성되는 역내펀드와 비교되는 개념으로, 주식투자 대상국이 아닌 제3국에서 조성되는 주식투자용 기금을 말한다. 다시 말해서 한국증시에 투자하기 위해 일본이나 유럽, 미국 등지에서 조성된 모든 펀드가 역외펀드의 범주에 속한다. 역외펀드는 투자자가 속한 특정 국가의 조세제도 또는 운용상의 제약을 피할 수 있고 조세, 금융, 행정 면에서 여러 가지 이점을 향유하려는 목적에서 이용된다. 우리나라에서 투자하는 역외펀드는 주로 매매차익에 대한 과세가 없고 자산운용상의 법적 규제가 없는 버뮤다, 영국령 버진 아일랜드 등 조세피난지에 본거지를 두고 있는 경우가 많고, 최근에는 아일랜드의 더블린이나 룩셈부르크 등이 자주 이용된다. 대표적인 역외펀드로는 한국에 대한 금융투자를 전문으로 하는 코리아펀드가 있고, 이 밖에도 코리아유럽펀드, 코리아아시아 펀드 등 모두 120여 개 정도의 역외펀드가 있는 것으로 알려져 있다.

2. 분배관리인에 대한 손해배상청구권

분배관리인의 직무상 행위에 관한 손해배상청구권은 분배종료보고서를 제출한 날부터 2년이 경과하면 소멸한다. 다만, 분배관리인의 부정행위로 인한 손해배상청구권인 경우에는 그러하지 아니하다.

Q-36

분배계획안과 분배계획은 어떻게 될까?

법원은 분배관리인을 선임함과 동시에 또는 이와는 별도의 기간을 정하여 분배관리인에게 분배계획안의 작성을 명해야 하며, 분배계획을 인가한 때에는 상당한 방법으로 분배계획의 요지 등을 구성원에게 고지해야 한다.

1. 분배계획안의 작성

분배관리인은 법원이 정한 기간 내에 분배계획안을 작성하여 법원에 제출해야 한다.

법원은 분배관리인을 선임함과 동시에 또는 이와는 별도의 기간을 정하여 분배관리인에게 분배계획안의 작성을 명해야 한다. 즉 법원은 대표당사자 등으로부터 권리실행에 관한 결과를 보고받은 후 그 실행이 종료되었다고 판단되면, 분배계획안의 작성기간을 정하여 분배관리인에게 통지하고, 분배관리인은 그 기간 내에 분배계획안을 작성해야 한다.

분배계획안에는 다음의 사항을 기재해야 한다.

① 총원의 범위와 채권의 총액

② 집행권원의 표시금액, 권리실행금액 및 분배할 금액

③ 분배에서 제외하는 비용의 공제항목과 그 금액

④ 분배의 기준과 방법

⑤ 권리신고의 기간·장소 및 방법

⑥ 권리확인방법

⑦ 분배금의 수령기간·수령장소 및 수령방법

⑧ 그 밖에 필요하다고 인정되는 사항

✎ 미니 증권상식

시가발행 유상증자를 할 때 신주 발행가격을 주식시장의 시가를 감안해 발행하는 방법으로 액면발행과 상대되는 말이다. 공모에 의한 발행이기 때문에 "공모가 발행"이라고도 하며 다음과 같은 이점이 있다. ① 적은 발행주 수로 많은 자금을 조달할 수 있고 자본코스트 인하와 자기자본충실이라는 면에서 유리하다. ② 액면발행의 경우 반드시 일어나는 주가의 대폭적인 변동이나 불확정한 증자기대도 없어지기 때문에 주가도 안정된다. ③ 주가에 대한 경영자의 의식향상, 프라이스 메커니즘의 확립 등의 이점을 들 수 있다.

2. 분배계획안의 인가

법원은 분배계획안이 공정하며 형평에 맞다고 인정되는 때에는 결정으로 이를 인가해야 하며, 상당하다고 인정하는 때에는 직권으로 분배계획안을 수정하여 인가할 수 있고, 이 경우 법원은 미리 분배관리인을 심문해야 하며, 인가결정 및 수정인가결정에 대하여는 불복할 수 없다.

3. 분배계획의 고지 및 변경

법원은 분배계획을 인가한 때에는 상당한 방법으로 다음의 사항을 구성원에게 고지해야 한다.

① 집행권원의 요지
② 분배관리인의 성명 및 주소
③ 분배계획의 요지

또한 법원은 상당한 이유가 있다고 인정되는 때에는 직권 또는 분배관리인의 신청에 의하여 결정으로 분배계획을 변경할 수 있으며, 이 변경결정에 대하여는 불복할 수 없다. 법원은 분배계획을 변경하는 경우 필요하다고 인정하는 때에는 상당한 방법으로 변경의 내용을 구성원에게 고지해야 한다.

Q-37

분배기준이란 무엇이며, 분배에서 제외하는 비용은?

분배기준은 분배가 적정하게 행해질 수 있도록 하기 위한 전제로서, 채권의 종류, 성격, 내용 등을 명확히 규정하기 위한 것이다. 분배관리인은 권리실행으로 취득한 금액에서 소송비용 및 변호사 보수 등을 공제할 수 있다.

1. 분배기준

　권리신고기간 내에 신고하여 확인된 권리의 총액이 분배할 금액을 초과하는 경우에는 안분비례의 방법에 의한다.

　분배의 기준은 판결이유 중의 판단이나 화해조서 또는 인낙조서의 기재내용에 의하며, 권리신고기간 내에 신고하여 확인된 권리의 총액이 분배할 금액을 초과하는 경우에는 안분비례의 방법에 의한다.

이것은 분배가 적정하게 행해질 수 있도록 하기 위한 전제로서, 채권의 종류, 성격, 내용 등을 명확히 규정하기 위한 것이다. 그러나 판결이유 중에 분배에 관한 구체적인 기준이 나타나 있는 것은 아니어서 다만 일정한 기준을 제시하는 근거자료 등으로 삼아야 한다는 취지라고 해석하는 것이 타당하다. 또한 안분비례의 방법을 따른 것은 구성원 상호간에 형평을 도모하도록 한 것이다. 구성원 전원 또는 대부분이 권리신고를 하게 될 경우, 권리실행한 금액에서 비용을 공제한 후 분배에 제공될 금액은 권리신고된 채권액보다 적을 것이므로 안분비례의 방법에 의하도록 한 것이다.

권리의 실행으로 취득한 금전 외의 물건을 분배하는 경우에는 그 성질에 반하지 아니하는 범위 안에서 금전에 준하여 분배하고, 분배관리인은 법원의 허가를 얻어 권리의 실행으로 취득한 금전 외의 물건의 전부 또는 일부를 환가하여 분배할 수 있다. 이는 물건을 그대로 분배할 수도 있지만 분배가 곤란한 경우 법원의 허가를 얻어 환가할 수 있도록 한 것이다.

분배종료보고서가 제출된 후에 새로이 권리실행이 가능하게 된 경우의 분배절차(추가분배)에 관하여는 분배절차의 규정을 준용한다. 이는 새로운 권리실행을 하는 경우에 다시 분배절차를 거쳐야 함을 규정한 것이다.

2. 분배에서 제외하는 비용

분배관리인은 권리실행으로 취득한 금액에서 다음의 비용을 공제할 수 있다.

① 소송비용 및 변호사 보수
② 권리실행비용
③ 분배비용(분배관리인에 대하여 지급하는 상당하다고 인정되는 액수의 보수를 포함한다)

분배계획의 인가를 받기 전에 위 ①②③의 비용을 지급하고자 하는 때에는 법원의 허가를 얻어야 한다. 법원은 분배관리인, 대표당사자 또는 구성원의 신청이 있는 경우에 소송의 진행과정, 결과 등 여러 사정을 참작하여 ①의 변호사 보수를 감액할 수 있다. 이 경우 법원은 신청인과 대표당사자의 소송대리인을 심문해야 하고, 위의 변호사 보수 감액신청은 분배계획안의 인가 전까지 해야 하며, 위의 변호사 보수 감액결정에 대하어는 즉시항고할 수 있다.

또한 법원은 권리실행으로 취득한 금액이 위 ①②③의 비용을 지급하기에 부족한 때에는 분배하지 아니한다는 결정을 해야 하고, 위 결정이 있은 경우 분배관리인은 법원의 허가를 얻어 권리실행한 금액을 적절한 방법으로 위 ①②③의 비용에 분배해야 한다.

Q-38

권리의 신고와
잔여금의 처리는?

구성원은 자신의 권리관계를 소명하기 위하여 필요한 자료를 첨부하여 권리신고를 해야 한다. 분배관리인은 잔여금이 있는 때에는 지체없이 이를 공탁해야 한다.

1. 권리의 신고와 확인

구성원은 분배관리인에 대하여 분배계획이 정하는 바에 따라 권리신고기간 내에 권리를 신고해야 하며, 책임 없는 사유로 권리신고기간 내에 신고를 하지 못한 경우에는 그 사유가 종료된 후 1월 이내에 한하여 신고할 수 있다. 다만 제53조의 규정(수령기간 경과 후의 지급)에 의한 공탁금의 출급청구기간인 6월이 만료되기 전에 신고해야 하며, 분배관리인은 신고된 권리를 확인하고, 권리신고를 한 자 및 피고에 대하여 권리확인의 결과를 통지해야 한다.

구성원은 자신의 권리관계를 소명하기 위하여 필요한 자료를 첨부하여 권리신고를 해야 한다. 구성원은 권리의 존재를 증명하기 위한 증거를 제시하여 확인을 구해야 하나, 반드시 충분한 증거를 제출해야 하는 것은 아니다. 예컨대, 자신이 구입한 유가증권의 대금을 지급하고 교부받은 영수증, 계약서 등을 첨부하여 신고할 수 있다.

권리신고를 할 때 기본양식의 이용이 강제되는 것은 아니지만, 기본양식을 이용하는 경우 분배관리업무가 상당히 간결하게 될 것이다.

✎ 미니 증권상식

M&A(merger and acquisitions) 기업인수합병. 기업의 외적 성장을 위한 발전전략으로 특정 기업이 다른 기업의 경영권을 인수할 목적으로 소유지분을 확보하는 제반과정이라고 할 수 있다. 이러한 M&A의 발전 배경은 기존 기업의 내적 성장 한계를 극복하고 신규사업 참여에 소요되는 기간과 투자비용의 절감, 경영상의 노하우나 숙련된 전문인력 및 기업의 대외적 신용확보 등 경영전략적 측면에서 찾을 수 있다. 미국을 비롯하여 일본에서도 이미 본격화되어 있으며, 우리나라에서도 1994년 증권거래법 제200조(주식의 대량소유의 제한 등)의 폐지를 골자로 한 증권거래법 개정안의 시행에 즈음해 많은 기업들이 M&A에 관심을 기울였다. 증권거래법 제200조는 그 동안 기업주가 소유권 침해에 대한 걱정 없이 기업경영에 전념하게 한 긍정적인 측면도 있었으나, 일반 투자자의 주식매매자유를 제한하고 대주주의 방만한 기업운영과 소액주주의 권익침해를 유발하는 등 자본시장 발전에 좋지 않은 영향을 미친 것도 사실이었다. 그러나 IMF 사태 이후 외자유치를 위해 대폭적으로 규제를 완화함에 따라 내국인 간의 적대적 인수합병은 물론 외국인들의 국내기업 매입이 활성될 것으로 전망되고 있다.

구성원은 반드시 고지된 분배계획안에서 정한 권리신고기간 내에 권리를 신고해야 한다. 이러한 기간은 불변기간이다. 따라서 원칙적으로 권리신고기간 내에 권리를 신고하지 아니한 경우에는 분배받을 수 없게 된다.

다만, 제2항에서는 자신에게 책임 없는 사유로 인하여 그 기간을 준수할 수 없었을 경우에는 예외를 인정하고 있다. 자신에게 책임이 없는 사유라 함은 천재지변 등 불가항력인 경우라든가 일간신문의 게재사실을 과실 없이 알지 못하는 경우 등을 들 수 있다. 이러한 추완신고는 수령기간이 경과하여 분배잔여금을 공탁한 날로부터 6월 이내에 하여 그 기간 내에 자신의 권리를 확인받아야 한다. 그 이유는 기간 내에 한하여 공탁한 분배잔여금의 출급을 청구할 수 있기 때문이다.

2. 권리확인에 관한 이의

권리신고를 한 자 또는 피고는 분배관리인의 권리확인에 이의가 있는 때에는 권리확인결과의 통지를 받은 날부터 2주일 이내에 법원에 그 권리의 확인을 구하는 신청을 할 수 있고, 법원은 위 신청에 대하여 재판해야 한다. 이 재판에 대하여는 불복할 수 없다.

3. 잔여금의 처리

분배관리인은 분배금의 수령기간 경과 후 잔여금이 있는 때에는 지체없이 이를 공탁해야 한다. 권리가 확인된 구성원으로서 분배금의 수령기간 내에 분배금을 수령하지 아니한 자 또는 신고기간 경과 후에 권리를 신고하여 권리를 확인받은 자는 수령기간 경과 후 6월 이내에 한하여 공탁금의 출급을 청구할 수 있다.

법원은 분배종료보고서가 제출된 경우 잔여금이 있는 때에는 직권 또는 피고의 출급청구에 의하여 이를 피고에게 지급한다. 분배잔여금에는 권리확인이 되었으나 수령기간 내에 수령하지 아니한 금액도 포함된다.

Q-38-1 얼마만큼의 손해회복을 기대할 수 있을까?

소송진행 중에는 알 수 없다.

소송의 진행 중에는 얼마의 손해회복이 가능한지를 결정하는 것은 불가능하다. 일반적으로 금전 등의 분배는 각각의 집단구성원이 손실을 본 것으로 결정된 금액에 비례하여 집단의 총원에게 분배될 공동펀드에 대하여 현금, 주식 또는 이 양자의 결합에 의한 지급으로 구성될 수 있다. 최대한 회복 가능한 손해회복은 불법행위에 기인하는 손실금액일 것이다.

피해기간 동안 ○○사의 주식을 매수했던 사람들에게 지불되는 손해금액은 많은 요인에 달려 있다. ○○사 주식의 매수금액과 시기, 성사되는 화해금액이나 법원이 판결하게 되는 금액, 집단의 구성원들이 제기한 소송의 숫자 등에 달려 있게 될 것이지만 반드시 이에 제한되는 것은 아니다.

사건 초기(또는 종종 화해기간 동안)에는 여러 가지 이유로 액수를 결정하는 것이 불가능하다. 첫째, 증권집단소송을 제기당한 기업들이 재무상태가 좋지 않고, 적은 화해기금이 직접적으로 기업으로부터 나오지 않을 것이고, 둘째, 사건 초기에 알려지지 않은 주요 피고들(기업, 기업의 임원 또는 직원들)의 책임뿐만 아니라,

회계사와 같은 전적인 손해회복을 중요하게 증가시킬 수 있는 기타 피고들에 대한 어떤 청구들은 종종 사건의 초기 단계에서 알려지지 않을 것이다. 셋째, 소송 절차를 이용할 수 있을 때까지 어떤 청구가 제출되었는지를 말할 수 있는 방법이 없다.

Q-39

분배보고서와 분배종료보고서란?

분배관리인은 분배금의 수령기간 경과 후 분배받은 자 및 분배금액을 기재한 분배보고서를 법원에 제출해야 하고, 공탁금의 출급청구기간이 만료된 때에는 지체없이 법원에 분배종료보고서를 제출해야 한다.

1. 분배보고서

분배관리인은 분배금의 수령기간 경과 후 분배보고서를 법원에 제출해야 한다. 분배보고서에는 다음의 사항을 기재해야 한다.

① 권리신고를 한 자의 성명·주소 및 신고금액

② 권리가 확인된 자 및 확인금액

③ 분배받은 자 및 분배금액

④ 잔여금과 그 밖의 필요한 사항

분배보고서는 이해관계인이 열람할 수 있도록 분배종료보고서를
제출한 날부터 2년이 경과할 때까지 법원에 비치해야 한다.

2. 분배종료보고서

분배관리인은 제53조의 규정에 의한 공탁금의 출급청구기간이 만
료된 때에는 지체없이 법원에 분배종료보고서를 제출해야 한다. 분배

✎ 미니 증권상식

랩 어카운트(wrap account)　자산종합관리계좌. 증권사 등이 고객의 자산규모와
투자성향 및 위험수용도를 파악하여 고객의 자산을 적당한 금융상품 등에 투자해 주
고 수수료를 받는 것을 말한다. 미국은 1975년, 일본은 1998년부터 각각 시행했고,
우리나라는 2001년 2월에 도입했다. 미국의 경우 1987년 주가가 폭락한 '검은 월요
일' 이후 주식매매가 줄고 사이버증권사로 대표되는 수수료 인하경쟁이 불붙어 수
수료 수입이 줄어듦에 따라 주식매매회전율을 높여 매매수수료 수입을 늘리기보다
는 자산관리를 통한 안정된 수수료(wrap fee)를 추구하게 되면서 랩 어카운트가 활
성화되었다. 우리나라도 최근 사이버 주식거래의 비중이 높아지고 낮은 매매수수료
를 제시하는 신설 중소형 증권사의 등장으로 이전과 같은 주식매매 수수료에 치중한
수익구조로는 살아남을 수 없다는 절박감 때문에 자산관리를 주요 간판으로 내세우
게 되었다. 특히 증권사는 수수료 수입을 위하여 무리하게 주식매매회전율을 높이다
보니 고객자산 증식에는 다소 소홀한 측면도 있었는데, 랩 어카운트는 고객의 전체
자산규모의 몇 퍼센트를 연간 수수료로 받기 때문에 증권사와 고객의 이해충돌을 피
할 수 있다는 것도 또 다른 이유가 된다.

종료보고서에는 수령기간 경과 후에 분배금을 분배받는 자의 성명·
주소 및 분배금액, 분배금의 지급총액, 잔여금의 처분, 분배비용 그
밖의 필요한 사항을 기재해야 하고, 이해관계인이 열람할 수 있도록
분배종료보고서를 제출한 날부터 2년이 경과할 때까지 법원에 비치
해야 한다.

5장

벌칙

Q-40 집행의 실효성을 확보하기 위한 제도가 있을까?

Q-40

집행의 실효성을 확보하기 위한 제도가 있을까?

있다. 대표당사자, 소송대리인 또는 분배관리인은 직무에 관하여 부정한 행위를 했을 경우, 형사처벌을 받는다.

증권집단소송의 대표당사자와 집단의 구성원 사이의 관계는 공익적인 성격을 띠고 있으며, 대표당사자는 총원을 위해 소송을 수행하게 된다. 그러므로 대표당사자의 역할과 기능은 총원을 위해서 매우 크다고 할 수 있다. 따라서 대표당사자, 소송대리인 또는 분배관리인은 직무에 관하여 부정한 행위를 한 경우에는 형사처벌을 받는다. 또한 증권집단소송법은 몰수 및 추징에 관한 규정을 두고 있다.

1. 배임수재

증권집단소송의 대표당사자가 되기 위하여 소를 제기하는 자, 대표당사자, 원고측 소송대리인 또는 분배관리인이 그 직무에 관하여 부정한 청탁을 받고 금품 또는 재산상의 이익을 수수·요구 또는 약속한 때에는 다음의 구분에 따라 처벌한다.

① 수수·요구 또는 약속한 금품 또는 재산상의 이익의 가액(이하 "수수액"이라 한다)이 1억원 이상인 때에는 무기 또는 10년 이상의 유기징역에 처하되, 수수액에 상당하는 금액 이하의 벌금을 병과할 수 있다.

② 수수액이 3천만원 이상 1억원 미만인 때에는 5년 이상의 유기

징역에 처하되, 수수액에 상당하는 금액 이하의 벌금을 병과할
수 있다.

③ 수수액이 3천만원 미만인 때에는 7년 이하의 징역 또는 1억원
이하의 벌금에 처한다.

증권집단소송의 대표당사자가 되기 위하여 소를 제기하는 자, 대
표당사자, 원고측 소송대리인 또는 분배관리인이 그 직무에 관하여
부정한 청탁을 받고 제3자에게 금품 또는 재산상의 이익을 공여하게
하거나 공여할 것을 요구 또는 약속한 때에도 위의 ①②③의 형과
같다.

위의 형에 대하여는 10년 이하의 자격정지를 병과할 수 있다.

2. 배임증재

증권집단소송의 대표당사자가 되기 위하여 소를 제기하는 자, 대
표당사자, 원고측 소송대리인 또는 분배관리인에게 그 직무에 관하여
부정한 청탁을 하고 금품 또는 재산상의 이익을 약속 또는 공여한 자
나 공여의 의사를 표시한 자는 7년 이하의 징역 또는 1억원 이하의
벌금에 처한다.

위의 행위에 제공할 목적으로 제3자에게 금품을 교부하거나 그
정을 알면서 교부받은 자도 7년 이하의 징역 또는 1억원 이하의 벌금
에 처한다.

3. 몰수와 추징

위의 배임수재죄 및 배임증재죄를 범한 자 또는 그 정을 아는 제3자가 취득한 금품 또는 재산상의 이익은 이를 몰수하되, 이를 몰수할 수 없는 때에는 그 가액을 추징한다.

4. 과태료

다음에 해당하는 자에 대하여는 3천만원 이하의 과태료에 처한다.

① 소송허가신청서의 기재사항인 총원의 범위를 허위로 기재한 자
② 소송허가신청서에 첨부하는 문서인 당해 증권집단소송을 수행하기 위하여 또는 소송대리인의 지시에 따라 당해 증권집단소송과 관련된 유가증권을 취득하지 아니하였다는 사실을 진술한 문서를 허위로 작성하여 첨부한 자 또는 최근 3년간 대표당사자로 관여한 증권집단소송의 내역을 진술한 문서를 허위로 작성하여 첨부한 자
③ 정당한 이유 없이 문서제출명령 또는 문서송부촉탁을 거부한 자

조지 W. 부시 미대통령이 지난 1990년, 하켄 에너지사 이사 시절에 내부자거래를 했다는 의혹이 있었다. 그것은 지난 1990년 6월 그가 이사로 재직하고 있던 하켄사가 자금난을 겪고 있음을 알고 회사 주식을 내다팔았다는 것으로, 부시는 당시 이 회사의 자금난을 몰랐다고 주장했다.

그러나 증권거래위원회(SEC)가 공개한 하켄사 내부문건에 따르면 부시 당시 이사는 자신의 보유주식을 팔기 전에 회사의 상황을 알고 있었던 것으로 밝혀졌다. 부시는 이미 지난 1990년 봄, 회사가 유동성 위기로 빠져들고 있으며 채권단과도 마찰을 빚고 있다는 내용의 문서를 받았으며, 자금난을 타개하기 위한 주식공모계획도 채권단의 반발로 무산됐음도 알고 있었던 것으로 드러났다.

부시는 하켄사가 2,300만 달러의 손실을 발표하기 두 달 전인 1990년 6월 하켄사 주식을 주당 4달러에 매각, 총 84만 8,560달러를 챙겼다. 하켄사 주가는 부시가 보유주식을 내다판 1990년 6월 주당 4달러 수준에 거래되다 자금난이 알려진 뒤 한때 주당 1달러 수준까지 폭락했으나 1991년 주당 4달러 이상으로 회복됐다. 하켄사의 자금난은 최대주주 2명이 4,300만 달러를 투자함으로써 해결됐다.

부시의 내부자거래 의혹은 지난 1994년 그가 텍사스 주지사 선거에 출마했을 때도 문제가 됐었으나 1992년에 증권거래위원회가 부시를 무혐의처리했기 때문에 크게 부각되지는 않았다. 증권거래위원회는 1992년 3월에 작성한 조사결과 요약문을 통해 부시가 공개되지 않은 정보가 들어 있는 문서를 가지고 있지 않았기 때문에 내부자거래를 한 것으로는 보이지 않는다는 결론을 내렸다. 부시도 지난 1994년 주지사 선거 당시 주식을 매각할 때는 하켄사의 자금난에 대해 전혀 몰랐다면서 회사가 어려운 줄 알았으면 주식을 매각하지 않았을 것이라고 해명했다.

그러나 그가 하켄사의 자금난을 주식매각 전에 알고 있었음이 확인된 것이다. 또한 부시에 대한 증권거래위원회의 조사가 이뤄질 당시 아버지 조지 부시가 대통령이었다는 점과 당시 증권거래위원회를 부시의 열렬한 지지자인 리처드 브리든이 이끌고 있었다는 점, 그리고 부시에 대한 직접조사가 이뤄지지 않았다는 점도 문제가 되었다. 그러나 2004년 부시는 대통령 재선에 성공했고, 결국 그의 혐의는 유야무야되고 말았다.

2^부

미국의 증권집단
소송 사례들

1장

엔론 사건

엔론사는 2001년 『포춘』 선정 미국 7대 기업에 꼽혔던 에너지회사로, 15년 동안 1,700%라는 신화적인 초고속성장을 했으나, 2002년 수백억 달러의 빚을 안고 파산했다. 엔론이 동원한 방법은, 교묘하고 복잡한 장부상의 숫자놀음으로 회사의 가치를 허위조작한 것. 유명 투자은행 9개와 로펌 등도 이 회계부정을 도와 사욕을 채웠다. 엔론의 파산으로, 90달러에까지 이르렀던 엔론사 주식은 40센트로 곤두박질쳤으며, 엔론 주식에 투자했던 수만 명의 엔론사 직원과 일반 시민들은 25억 달러에 이르는 피해를 입었다. 또한, 부시 대통령이 엔론으로부터 건네받은 60만 달러의 정치헌금 등 정치권과의 결탁 문제도 불거져, 기업과 정치권에 대한 미국인들의 신뢰를 송두리째 뒤엎은 대형 금융 스캔들이었다.

투자은행과 로펌—공모자들

2002년 4월 8일자 『뉴욕타임스』에 따르면, 9개의 투자은행은 대출을 숨기고, 허위투자를 짜맞추었으며, 엔론의 유령 판매를 조장했다. 투자은행 임원들은 '폰지 사기'로 사리사욕을 채웠다. 로펌들은 허위거래를 조직화했다. 추가적인 내부자거래가 문서화되었다.

연방법원에서 주장된 내용에 따르면, 엔론사와 엔론의 회계사들이 저지른 엔론 사기는 여러 개의 유명 투자은행들과 로펌의 공모 덕분에 성공했음이 분명해진다.

엔론에 대한 증권집단소송에서 대표당사자인 캘리포니아 대학은 29명의 엔론 전·현직 임원과 유명 회계법인 아서 앤더슨이 피고로 된 리스트에 9개의 투자은행과 2개의 로펌 및 다른 새로운 개인 피고들을 추가하는 통합 소장을 법원에 제출했다.

총 485쪽에 이르는 수정 소장은 궁극적으로 투자자들에게 25억 달러 이상의 손실을 안겨준 일련의 사기적 거래에서 주역을 맡은 9개의 투자은행—J. P. 모건 체이스, 씨티그룹, 메릴린치, 크레디트 스위스 퍼스트 보스턴(CSFB), CIBC(Canadian Imperial Bank of Commerce), 아메리카 은행, 바글레이 뱅크, 도이체 방크, 리만 브러더스—의 사기음모를 자세히 설명하고 있다. 또한, 이 9개 투자은행의 고위급 임원들은 이 음모를 통해 사익을 챙긴 것으로 드러났다.

2개의 로펌도 피고 리스트에 추가되었다. 그들이 엔론 사건에서 중요하고도 실질적인 역할을 했기 때문이었다. 두 로펌은 엔론과 마

찬가지로 휴스턴에 위치한 '빈슨 앤 엘킨스'와 시카고에 위치한 '커
크랜드 앤 엘리스'였는데, 엔론은 수많은 이른바 '특별목적단체'
(SPE, Special Purpose Entities)를 대리하기 위해 이 두 로펌을 이
용했다.

캘리포니아 대학 법률고문 제임스 홀스트는 "이 유명 투자은행들
과 로펌들은 엔론의 경영진들이 엔론의 주가를 유지하고, 투자자들을
속여 수십억 달러를 투자시키기 위한 재무상의 장점과 수익성에 대
한 거짓된 외관을 꾸미기 위해 자신들의 전문기술과 직업적 명성을
이용했다. 그 대가로 투자은행들과 로펌들은 수백만 달러의 수수료를
받았으며, 투자은행과 로펌의 최고경영자들은 사욕을 채우기 위해 이
상황을 이용했다"고 말했다.

또한 수정 소장은 28명의 엔론사 이사들과 임원들이 내부자거래
에서 약 12억 달러의 이익을 챙겼음을 기록하고 있었는데, 이것은 예
전 소장의 기록보다 약 1억 7,100만 달러가 늘어난 것이다.

이중 속임수로 투자자들을 속인 은행들

이들 투자은행들은 비밀리에 통제된 엔론사 파트너십을 만드는 것을 도왔고, 대출을 가장하기 위해 역외 가공회사를 이용했으며, 과대평가된 엔론 자산의 허위 판매를 도왔다. 그 결과 엔론사 임원들은 수십억 달러의 부채를 대차대조표에서 삭제하고 엔론사 주식의 가치를 인위적으로 부풀림으로써 투자자들을 속일 수 있었다.

로펌들은 거짓된 법률의견을 냈고, 부외거래를 조직하는 것을 도왔으며, 증권거래위원회에 허위서류를 제출하는 것을 도와주었다.

수정 소장에서 "어린아이가 카드로 지은 집 내부에 반사경이 설치된 홀"로 묘사된 이 엔론의 음모를 꾸미는 데 투자은행들은 이중의 역할을 했다. 투자은행 임원들은 엔론의 불안정한 재무상태 은폐를 도왔으며, 투자은행의 증권 애널리스트들은 허위의 장밋빛 전망을 내렸다.

엔론사 증권의 인수인으로서, 투자은행들은 또 불완전하고 부정확한 엔론측의 설명을 그대로 인정함으로써 일반 투자자들을 현혹시켰다. 예를 들면, J. P. 모건은 엔론이 이젠 거의 휴지조각이 된 증권으로 20억 달러나 조달하는 것을 도와주었다.

캘리포니아 대학의 대표 소송대리인인 밀버그 웨이스 버셰드 하인즈 앤 러치(Milberg Weiss Bershad Hynes & Lerach) 로펌의 선임 파트너인 윌리엄 러치는 "엔론 사기에서 투자은행들은 투자자들을 보호하는 대신, 사기 파트너의 길을 택했다. 그들은 적극적으로 사기에 가담했으며 부당이득을 취했다. 투자은행의 임원들은 엔론 내부자들의 전례를 따랐으며, 그것은 저축을 했다고 믿고 있는 수많은 퇴직연금 수령자들과 다른 투자자들의 돈을 착취한 것에 다름 아니다"라고 말했다.

자신을 위해 내부자거래를 한 투자은행가들

소장에 따르면, 몇몇 투자은행의 임원들은 회계장부에 기재되지 않은 파트너십으로서 엔론이 통제하고 있는 단체 중 하나인 LJM2에 1억 5천만 달러 이상을 투자하기 위해 그들의 지위를 이용했다. 그들은 엔론과의 내부자거래로 엄청난 수익을 낼 수 있음을 알고 있었던 것이다.

투자은행들은 LJM2를 만들기 위해 처음부터 엔론에 '아주 특별한' 지원을 했다. 소장은 1999년 12월 말, J. P. 모건 체이스, CIBC, 도이체 방크, CSFB, 리만 브러더스와 메릴린치가 LJM2에 사전자금 조달을 했음을 폭로했다. 의무사항도 아니었는데, 투자은행들은 LJM2를 위해 6,500만 달러의 신용한도를 포함해 거의 100%의 돈을 선불해 주었다.

LJM2는 엔론과 투자은행들에게 큰 손실이 될 주가급락을 방지하고 큰 이익을 달성할 수 있도록, 1999년 말에 제3자에게 매도하지 못한 4개의 엔론 자산을 매수하는 데 그 돈을 사용했다.

허위거래로 설명된 그 거래는 폴란드에 있는 노와 사지나 파워 플

랜트, MEGS, 멕시코 만에 있는 LLC 천연가스 시스템, 요세미티 증권과 일련의 담보대출이 포함되어 있다. 나중에 LJM2는 엔론에 다시 그 자산들을 매도했다.

이 4건의 거래를 통해 엔론과 투자은행의 애널리스트들이 발표한 예측을 충족시키면서 엔론은 그들의 이익을 과대평가받을 수 있게 되었다. 동시에 LJM2에 투자한 투자은행의 임원들은 특별목적단체들이 LJM2에 수백만 달러를 지급했을 때 막대한 돈을 벌어들일 수 있었다.

엔론이 대출을 숨기고 허위이익을 만드는 것을 도와준 투자은행과 로펌들

투자은행과 로펌은 엔론의 수익 신화를 만드는 데 중추적인 역할을 했다는 이유로 제소당했다. 소송대리인 러치는 "그들은 외관상 독립적으로 보이는 거래를 설정하는 것을 도왔지만, 실제로는 엔론이 일련의 비밀협정과 불법적인 재무조정을 통하여 통제하고 있었다"고 말했다.

부채로 계산되어야 할 대출금이 판매이익인 양 조작되었다. 소장은 엔론이 영국에서 떨어진 어느 섬에 있는 마호니아라는 회사를 통해 부채 39억 달러를 은닉하는 것을 J. P. 모건이 어떻게 도왔는지 설명하고 있다. 투자은행은 엔론이 마호니아에 가스와 오일계약을 매도한 상호거래에 약 50억 달러를 숨겼지만, 그 후 비밀리에 그 계약을 재매수했다. '빈슨 앤 엘킨스' 라는 로펌은 마호니아사와의 거래가 합법적이라는 의견을 J. P. 모건 체이스와 엔론에 제출하여 이 거래의 법적 도피처를 제공했다.

씨티그룹은 엔론과의 24억 달러의 금융 스왑을 이행하기 위해 케이만 군도에 있는 델타라는 자회사를 이용했지만, 엔론의 회계장부에는 기재되지 않았다. 나중에 투자은행의 한 임원은 CSFB가 제공한 1억 5천만 달러가 사실은 대출금이었음을 시인했다.

CIBC는 EBS 콘텐츠 시스템이라는 엔론과의 파트너십을 만들었고 엔론이 1억 1천만 달러의 이익을 달성할 수 있도록 1억 1,500만 달러를 투자한 것으로 가장했다. 그러나 소장은, 엔론이 비밀리에 1억 1,500만 달러를 보증하는 것에 동의한 것이니, 그 거래는 회사의 이익을 부풀리려는 책략이라고 주장하고 있다. 또한 CIBC는 엔론이 허위의 가공이익을 발표할 수 있도록 엔론의 벤처인 뉴 파워(New Power) 기업공개(IPO)에 1억 2,500만 달러를 빌려주었고, 투자은행을 보호하기 위한 비밀보증을 받았다. 엔론은 뉴 파워 거래로 만들어진 총액 3억 7천만 달러의 이익을 CIBC에 상환하는 데 썼다.

엔론사 주가를 받쳐주었지만 무너진 사기음모

투자은행들의 계책은 엔론 주식가치와 외관상 신용을 강화하기 위한 것이었다. 투자은행의 임원들은 주가가 하락하면 자신들이 이익을 내고 있는 음모가 무너질 가능성이 있었기 때문에, 엔론이 투자등급을 감소시키는 추가주식발행을 요구받고 새롭게 자본을 조달하는 데 제한을 받는다는 것을 잘 알고 있었다. 한 예로, CSFB 임원들은 주가가 1주당 20달러 이하로 하락하면 엔론은 파산할 것이라고 강력하게 경고했다.

수정 소장에 따르면, 엔론이 채무불이행 상태에 빠지면 투자은행들에게 엔론의 부채를 보상할 것을 요구하는, 즉 엔론의 증권에 대한 신용 디폴트 상태에 대하여 투자은행들이 수백만 달러를 사용할 것을 문서화했기 때문에, 일부 투자은행들은 확대된 손실에 대한 신용위험에 빠진다고 하고 있었다. 이것은 투자은행들이 엔론의 파산을 막으려는 강력한 이유가 되었다.

2001년 11월 마침내 엔론의 재무조작이 공개되고 주가가 폭락하자 J. P. 모건과 씨티그룹 임원들은 신용평가기관인 무디스에 압력을 가했다. 투자은행들이 엔론의 파산을 막고 엔론과의 거래에 대한 본격 조사를 사전에 방해하기 위해 엔론의 신용등급을 유지해 달라고 한 것이다. 그러나 엔론은 2001년 12월 2일 파산신청서를 제출했다.

1998년 10월 19일부터 2001년 11월 29일 사이에 엔론의 주식과 채권을 매수했던 증권집단소송 원고들이 입은 손실은 25억 달러 이상인 것으로 산정되었다.

또한 수정 소장은 24명의 아서 앤더슨 임원들과 앤더슨 월드와이드, SC와 브라질, 케이만 군도, 인도, 푸에르토리코와 영국을 포함한 몇몇 국제적 동일 회계법인의 합작사들의 역할을 포함하기 위해 엔론을 감사한 회계법인 아서 앤더슨의 책임을 확장하고 있다.

캘리포니아 대학, 집단소송에 참가

2001년 12월 21일, 캘리포니아 대학은 29명의 엔론사 임원과 회계법인 아서 앤더슨을 상대로 한 증권집단소송에 참가했다.

소장에 따르면 1998년 10월 19일부터 2001년 11월 27일 사이에 엔론사 증권을 매수한 투자자들은 사기음모의 피해자들이다. 이 사건에서 피고들은 엔론사의 주식가격을 인위적으로 끌어올린 허위 재무제표를 발표했으며, 불법 내부자거래로 원고들에게 11억 달러의 손실을 안겨 주었다.

이 소송에서 피고로 전락한 엔론사의 최고위 임원들 중에는 전 회장이자 CEO 제프리 스킬링과 이사회 전 의장이자 CEO인 케네스 래이도 속해 있었다.

피해기간 동안, "피고들은 허위 재무제표를 발표하고 회사의 실적과 경영실적에 관해 허위공시를 함으로써 엄청난 내부자거래에 가담했다. 이 허위공시 결과, 회사 주식은 90.75달러 정도로 거래되었고, 피고들은 11억 달러의 이익을 위해 자신들이 보유한 1,730만주를 매도했다."

소송에서는 피고들이 챙긴 11억 달러를 반환해야 할 뿐만 아니라 더 많은 내부자거래 이익을 반환할 것을 요구했다. 캘리포니아 대학의 포트폴리오 총손실은 1억 4,500만 달러였는데, 이것은 이 대학의 총투자 펀드 중 약 0.3%에 해당하는 것이었다. 캘리포니아 대학의 포트폴리오 시가총액은 2001년 11월 30일 당시 540억 달러였다.

엔론의 회계조작, 창조적이다?

2002년 1월 16일 『유에스에이 투데이』에 따르면, 엔론의 이사들은 1999년 윤리장전을 무시했다. 엔론의 회계관행에 의문을 제기할 수 없었다고는 하지만, 엔론이 고용한 로펌은 엔론사의 회계방식을 "창조적이고도 공격적인 것"이라고 설명했다.

로펌인 '빈슨 앤 엘킨스'의 의견서는 엔론사의 10월 중순의 보고서가 12억 달러까지 자신의 주주지분을 감소시키기 며칠 전에야 엔론사에 도착했다.

빈슨 앤 엘킨스의 의견서에 따르면, 엔론의 많은 직원들은 엔론이 설립하고 전 CFO(Chief Financial Officer, 최고재무책임자)인 앤드류 패스토가 통제하던 제한적인 파트너십과 이해관계가 있었다. 빈슨 앤 엘킨스는 엔론사의 보고서에 따르는 의견을 낸 것으로 밝혀졌다.

패스토와 함께 일했던 재무담당 임원 왓킨스는 8월에 엔론의 CEO 케네스 래이에게 회사가 "회계 스캔들의 소용돌이 속으로 빨려들어갈까 두렵다"고 말했다. 그 말을 들은 래이는 빈슨 앤 엘킨스에게 왓킨스가 우려하는 부분을 조사해 달라고 의뢰했다. 그러나 그는, 고문 회계법인인 아서 앤더슨의 기결사항을 사후수정하지는 말라고 했다.

아서 앤더슨은 며칠 전, 엔론사를 회계감사했던 휴스턴 소재 선임 파트너인 데이비드 던컨을 해고했다. 감독당국이 찾고 있는 사건관련 서류를 파기했다는 것이 이유였다. 그러나 빈슨 앤 엘킨스의 문서는 아서 앤더슨의 휴스턴 소재 사무소가 본사로부터 엔론 관련 의견에 승인을 받았음을 보여주고 있다.

다른 문서들이 폭로하고 있는 것들을 보면,

- 엔론의 이사들은 CFO인 패스토에게 엔론과 거래한 투자 파트너십을 경영하게 하는 것을 허용하기 위해 1999년 6월 회사의 윤리장전을 포기했다.
- 파트너십의 존재, 그리고 그것을 패스토와 직원인 마이클 코퍼스가 운용하고 있다는 사실은 '곤란한 문제'를 일으켰다. "엔론 내부에 LJM 파트너십에 대한 은밀한 분위기가 돌고 있는 것 같았으며 LJM에게 특별보상이나 추가보상을 주려 움직이는 엔론 직원들이 있다는 의심의 분위기가 팽배했었다."

보고서는 그 상황이 이해관계의 충돌을 낳았다고 말하고 있다. 변호사들은 일부 직원들이 LJM 파트너십과 거래를 협상할 때, 일부 직원들이 자신들의 실적을 결국은 CFO인 패스토가 평가할 것을 염려했다는 말을 들었다.

또 다른 이해관계의 충돌 부분은 사외이사들이었다. "LJM의 투자자들은 자신들의 투자가 엔론과의 다른 비즈니스 관계를 만들거나 유지하도록 요구받았음을 알고 있었다"고 보고서는 전하고 있다.

고발에 직면한 투자은행들

『유에스에이 투데이』 2002년 7월 24일자에 따르면, 청문회에서 의원들과 상원의 조사관들은 J. P. 모건 체이스와 씨티그룹이 엔론의 붕괴 전에 엔론을 도와 회계부정을 범했다고 강력하게 비난했다.

상원 조사 소위원회의 수석 조사관인 로버트 로치는 "금융기관들은 엔론이 의심스러운 회계방식을 이용하고 있었으며, 자신들은 엔론 스캔들과 관련해 월스트리트 투자은행들의 역할을 조사하고 있다"고 했다. "투자은행들은 수수료를 대가로 또 비즈니스와 관련된 다른 거래에서 유리한 조건을 위하여 엔론을 도와주었다."

엄청난 인파가 몰렸던 청문회에서, 의원들은 J. P. 모건 체이스와 씨티그룹의 행동을 금융시장에 대한 '속임수' 이자, '사회적 암' 이라고 맹공격했다.

10시간 동안 지속된 청문회에서 조사 소위원회는 투자은행들과 이들을 자문한 해외 로펌들이 짜맞춘 많은 비밀문서를 폭로했는데, 이들 문서에 따르면, 지난 십여 년 동안 엔론에 수십억 달러의 자금을 대기 위해 역외 가공회사가 설립되었다.

상원의원들은 이구동성으로, 합법적인 에너지 계약 거래로 보이게끔 고안된 26건의 거래가 비즈니스 목적은 손톱만큼도 없는, 회계상의 속임수였다고 말했다.

증권거래위원회 수석회계사였던 린 터너는 투자은행들과 엔론이 투자자들로부터의 차입을 가장하기 위해 복잡한 거래들을 짜맞추었다고 증언했다.

엔론의 대차대조표상의 엄청난 부채는 엔론의 신용등급을 심각하게 훼손했으며 엔론의 붕괴를 재촉했다고 스탠더드 앤 푸어스와 무디스의 임원들은 말했다.

그러나 청문회장 밖에서 J. P. 모건 체이스 대변인 크리스틴 램카우는 "엔론이 J. P. 모건 체이스를 속였다. 우리가 우리를 속이기 위해 엔론과 공모했다는 건 논리적 모순"이라고 말했다. 또 그는 "투자은행이 역외 가공회사를 이용한 것은 합법이고 회계기준(GAAP)에 따른 것"이라고도 말했다. 씨티그룹 대변인 아르다 나제리안도 "엔론과의 거래들은 엔론으로부터 들은 바에 기초한 것이기 때문에 당시에는 매우 적절한 것이었다"고 말했다.

조사 소위원회의 조사에 연루된 투자은행들의 주가는 미끄러지기 시작했다. 씨티그룹은 27달러로 15.7% 폭락했으며, J.P. 모건은 20.08달러로 18.1% 하락했다.

엔론의 전 CEO 벌금형 선고

2004년 2월 20일자 『유에스에이 투데이』에 따르면, 전 엔론 CEO 제프리 스킬링은 엔론 스캔들에서 자신의 역할과 관련된 사기와 내부자거래로 고발되었다. 스킬링은 자신에게 부여된 35개의 죄과에 혐의 없음을 주장했지만, 담당 판사는 그의 여권을 무효화하고 500만 달러의 보석금을 받고 석방했다.

스킬링은 2년간의 검찰 조사에서 기소에 직면한 엔론의 최고위층 임원이다. 지금까지 29명의 엔론과 월스트리트 투자은행 관계자들이 이 최악의 기업범죄사건 중 하나인 엔론 사건에서 벌금형이나 유죄를 선고받았다.

2004년 1월, 전 CFO인 앤드류 패스토는 사기로 유죄선고를 받고 검찰 수사에 협조하기로 했다. 검찰과 증권거래위원회는 전 회장인 케네스 래이를 조사하고 있지만, 그는 기소되지는 않았다.

스킬링의 혐의는 증권사기, 미공개정보를 이용한 내부자거래, 회계법인에 허위자료를 제공한 것 등이다. 1월에는 엔론의 전 CAO(Chief Accounting Officer, 최고회계책임자)인 리처드 코세이에 대한 공소장에 사기와 공모 혐의가 추가되었다. 모든 죄목에 유죄선고를 받는다면, 스킬링과 코세이는 수억 달러의 벌금을 물고 여생을 감옥에서 보내야 될 것이다.

2장
월드컴과 집단소송

월드컴(1998년 당시 사상 최대의 기업인수였던 MCI 합병으로, MCI로 개명)은 AT&T에 이어 미국 제2위의 장거리 전화산업체로, 2002년 회계부정 파문으로 파산했다. 가입자 2천만명, 직원 5만 4천명에 이르는 월드컴은 1990년대 최고의 실적을 낸 주식에 속해 있었으며, 1999년에는 주가가 64.50달러까지 올랐다. 그러나 IT 거품이 꺼지기 시작했던 2000년 9월 실적이 나빠지자, 당시 회장 버나드와 CFO 설리번은 투자자들을 속이기로 공모한다. 그들은 매출을 과잉계상하는 방식으로, 미국 회계 스캔들 사상 규모가 가장 큰 110억 달러의 회계부정을 저질렀다. 검찰은 버나드의 회계부정을 2년 넘게 추적했지만, 수법이 너무나 치밀했기 때문에 결정적인 단서를 잡지 못했다. 그러다가 2002년, 버나드의 심복이었다가 해고된 설리번의 자백을 받아냄으로써 비로소 버나드를 기소할 수 있었다. 2003년 3월, 월드컴 관련 살로먼 스미스바니(SSB) 애널리스트 증권집단소송에서 뉴욕주 퇴직연금이 대표당사자로 선정되었다.

월드컴 회계사기의 발견

2002년 6월 26일 『유에스에이 투데이』는 월드컴의 해고된 CFO 설리번이 현금흐름이 39억 달러 과대계상되었음을 폭로했다고 보도했다. 월드컴은 사상최대의 회계사기 중 하나인 사건에 연루되었고 지난 5분기 동안의 이익을 정정해야만 했다.

월드컴은 어떻게 비용을 부적절하게 처리했나

월드컴사는 비용으로 39억 달러를 부적절하게 처리했는데, 이것은 당기손익을 부풀린 것이었다. 그것은 비용을 부적절하게 자본화한 것으로서, 장기간에 걸쳐 비용을 나누어 기입했다는 뜻이다. 다음은 애널리스트들이 그것이 행해진 과정을 의심하게 된 것을 보여주는 내용이다.

1단계 월드컴은 비용을 지불했는데, 애널리스트들은 텔레콤 시스템을 유지하기 위해 노동자들에 대하여 포함된 급료와 임금을 의심했다.

2단계 그 비용들은 손익계산서에 기입되지 않는다. 그 비용을 뺌으로써 월드컴의 순익은 더 커졌다. 왜냐하면, 그것은 비용에 의해 감해지지 않기 때문이다.

3단계 대신 비용은 대차대조표에 자산으로 기재되었는데, 그것은 손익계산서와는 다르다. 기업들이 장기에 걸쳐 이용될 장비를 매수하는 경우, 기업들은 이렇게 하기로 되어 있다.

4단계 그 다음 월드컴은 대차대조표로 이동한 비용을 감가상각했는데, 이것은 장기에 걸쳐 순익에서 공제되는 것을 의미한다. 손익계산서 상에는 비용의 적은 비율만이 포함되는데, 따라서 현금수지, 이윤폭 및 순익이 인위적으로 부풀려진다. 이것은 기업의 주식평가에 이용되는 주된 방식이다.

설리번은 월드컴이 경상지출을 자본지출로 기입함으로써 2001년과 2002년 1/4분기 동안 39억 달러까지 현금흐름을 과대계상했다고 했다. 즉, 회계장부를 분식했다는 것이다. 또한 월드컴은 2001년 14억 달러의 순이익 대신 손실을 전기했고, 또 2002년 1/4분기 동안 1억 3천만 달러의 순이익 대신 손실을 전기했다.

CNBC가 최초 보도한 그 뉴스는 월드컴 주가를 몇 시간 뒤 76% 하락한 20센트까지 떨어뜨렸다. 그 회계부정사건은 그때까지 사상 최대였던 2000년 라이트 에이드의 16억 달러의 순이익 정정에 버금가는 이익정정을 가져올 수 있었다.

월드컴은 2천만 고객을 갖고 세계에서 가장 큰 비즈니스를 하고 있는 기업들 중 하나이다. 월드컴 주식은 1990년대 최고의 실적을 낸 주식에 속해 있었으며, 1999년에는 64.50달러로 최고가를 유지했다. 월드컴은 거대기업으로 성장하기 위해 수십 개의 기업을 인수했다. 1998년 월드컴은 당시 가장 큰 합병이었던 MCI사를 인수했다.

보스를 궁지에 몰아넣은 CFO

월드컴에 관한 많은 서류들이 의회 조사관 사무실에 쇄도하면서 한 가지 의문이 생겨났다. '추방된 CEO 버나드 에버스가 자신의 CFO였던 스콧 설리번의 회계 속임수에 관해 무엇을 알고 있었을까?' 하는 것이었다.

많은 기업지배구조 전문가들은 에버스의 주장처럼 그가 설리번의 행위들에 관해 몰랐을 수도 있다고 말하고 있다. 그러나 남캘리포니아 대학(USC) 경영학 교수 워런 버니스는 "그것은 사실일 것 같지 않다"고 말한다.

에버스와 설리번의 첫 번째 연결고리가 공개되었다. 월드컴과 작업했던 어느 변호사는 조사관들에게 에버스는 비용 39억 달러에 대한 부적절한 회계에 관해 알고 있었다고 말했다. 소위원회에서, 이름을 밝히지 않은 다른 변호사도 설리번이 회사의 내부조사를 받는 동안 에버스와 연루되었다고 말했다.

그러나 많은 의문점이 남아 있다. 에버스의 변호사 레이드 웨인가든은, 에버스는 몰랐다고 주장하고 있다. 실제로 웨인가든은, 설리번이 월드컴의 내부 조사관들에게 "에버스는 회계전략에 관해 아무것도 모른다"고 했다고 말했다.

그러나 기업지배구조 전문가들은 에버스의 주장에 의문을 제기하고 있다. 많은 기업의 인수, 텔레콤 네트워크의 창설에 대한 결정과 이후의 수익계획에서 설리번은 에버스의 오른팔이었기 때문이었다.

에버스는 설리번과 함께가 아니라면, 투자자들과의 질문에 대답하기 위한 대화도 하지 않았다. 두 사람은 판결선고를 받으면서 비참한 종말에 합류한 것으로 보인다. 기관투자가협회 부회장 패트릭 맥건은 "둘 중 누가 어디서 시작했고, 누가 어디서 끝냈는지 말하기 힘들다"고 말하고 있다.

에버스가 정말로 설리번의 거래에 관해 몰랐다면, CEO 자격이 없다고 버니스 교수는 말한다. 그러나 다른 전문가들은 CEO들이 모든 것을 안다는 것(특히 CFO들을 신뢰할 수 없다면)은 불가능하다고 말한다. "CFO들에게 속는 훌륭한 CEO들은 얼마든지 있다"고 기관 투자가협회 이사 사라 테스릭은 말한다.

기업의 핵심인 CFO

전문가들은 CFO들이 다음과 같은 3가지 이유로 CEO의 가까운 파트너가 되고 있다고 말한다.

1. 변경된 역할

CEO들은 판매와 마케팅 경력은 화려하지만, 재무 이력은 약한 상태에서 CEO에 취임한다.

지난 20년 동안 그건 사실이었다. 한 기업 전문가는, 이사회가 CEO들의 거래, 고객과 투자자들에 대한 선전을 강조하는 것을 우선 순위에 두었고, 기업의 얼굴마담으로 활동하기에 적합한 인물을 더 선호했기 때문이라고 말하고 있다. 그것은 CEO들이 CFO들의 지위를 슈퍼스타로 끌어올리면서 자신들의 CFO들에 대해 더 많은 책임을 져야 한다는 뜻이다.

2. 복잡한 거래

월드컴의 경우, 인수 및 합병이 성장의 원인이 되었기 때문에 자금조달방법이 더 복잡했다. 또한 많은 기업들은 장래계약과 같은 위험한 금융기법들을 이용했다. 그것은 CFO들이 전략에서 더 중요한 역할을 하게 된다는 뜻이라고 버니스는 말한다. 그리고 CFO들은 COO(Chief Operating Officer, 최고운영책임자) 대신 CEO에게 직접 보고하는 일이 보편화되고 있다.

설리번은 월드컴을 통신 공룡으로 만들어 준 60개 이상의 인수 및 합병에 관여했다. 그는 1998년 브리티시 텔레콤(BT)으로부터 MCI를 빼앗아올 때의 역할로 매우 유명해졌다. 설리번은 BT의 공개매수를 감소시킨 후 MCI 인수를 위한 자발적 매수를 하라고 에버스를 설득했다.

3. 투자자 욕구

월스트리트는 분기실적에서의 1% 하락으로 주가를 폭락시킬 수 있는 '누락된 이익'에 관대하지 않다. 그것은 '이익경영'이 예전보다 더 중요해졌다는 뜻이다. 최근 CFO 잡지의 설문조사에 따르면, 공개 회사의 CFO 중 17%가 재무실적을 허위기재하라는 CEO들의 압력을 받고 있다고 한다.

가장 오래된 회계장부 속임수, 자본화

2002년 6월 27일 『유에스에이 투데이』 보도에 따르면 월드컴, 기타 기업들의 속임수의 결과는 자본을 과대계상한 것이었다. 월드컴은 그것을 부적절하게 자본화된(capitalized) 비용으로 인정했다. 애널리스트들은 이러한 속임수가 곧 들통날 속임수라 생각하고 있기는 하지만, 더 적은 금액으로 회계장부를 조작하는 데 이용되고 있다.

월드컴은 회계장부에 가장 오래된 속임수를 써서 2001년에 손실을 14억 달러의 이익으로 표시했다. 월드컴은 이익에서 일정 비용을 공제하기보다는 그것을 장기적인 투자로 간주했다. 장기투자비용은 한꺼번에 공제되지 않고, 장기간에 걸쳐 이익에서 공제되기 때문에 이런 수법으로 월드컴은 이익을 부풀렸다. 월드컴은 어느 비용이 잘못 기입되었는지를 밝히지 않았다.

다음은 부적절한 자본화에 관하여 명심해야 할 세 가지이다.

1. 유명한 기업들은 전에 비용을 과대계상했다

'재무 리서치와 분석센터'의 회장인 하워드 쉬리트는 고성장 기업들이 비용을 계상하는 것을 연기하는 것은 쉽다고 말했다. 예를 들면, 아메리카 온라인(AOL)사는 1990년대 중반 수천 개의 디스켓 우송비용을 자본화한 데 대한 벌금부과에 화해하기 위해 2000년에 증권거래위원회에 350만 달러의 벌금을 물었다. 증권거래위원회는 AOL이 그 비용을 즉시 차변기입하지 않음으로써 3년 동안 손실을 이익으로 보고했음을 알아냈다. AOL은 자신의 비즈니스 모델을 변경하여 1996년 10월에 비용의 자본화를 중지했다.

2. 어떤 업계의 모든 회사는 속임수를 쓸 수 있다

특정 업체들은 특정 회계 속임수를 선호한다. 인터넷 기업들은 자신들의 바터 수익을 갖고 있다. 텔레콤 기업들은 자신들의 스왑(swaps)을 가지고 있다. 그러나 어떤 회사라도 이것을 이용할 수 있다. 1992년 쓰레기 운송업자인 체임버스 디벨롭먼트(Chambers Development)가 쓰레기 매립지 개발비용으로 5천만 달러를 자본화했다고 말했을 때, 이익을 정정하도록 강요받았다고 쉬리트는 말했다. 투자자들은 이자, 세금, 감가상각 및 분할상환에 앞서 이익으로 측정된 재무실적을 강조하는 기업에 요주의해야 한다고 신용평가회사인 기미 크레디트(Gimme Credit)의 연구원 캐롤 래빈슨은 말한다.

3. 문제 회사의 재무제표를 보는 것만으로 회계 속임수를 알아내기는 어려울 수 있다

UC 버클리 대학 회계학 교수 브레트 트루먼은, "회계 속임수를 알아내기 위해 투자자들은 라이벌 회사의 재무제표와 당해 회사의 재무제표를 나란히 놓고 일치하지 않는 자본화된 비용에 의문을 제기할 필요가 있다"고 말한다.

월드컴의 숫자 조작 관행

2002년 7월 16일 『유에스에이 투데이』는 의원들이 전 CFO와 회계책임자로부터 이메일을 입수했다고 보도하고 있다.

의회 조사관들은, 월드컴 회계 스캔들의 불씨는 1999년까지 거슬러 올라갈 수 있으며, 이윤폭을 지속적으로 상승시키고자 하는 욕망이 이 회계 스캔들을 불렀다고 한다.

정통한 소식통에 따르면 월드컴은 파산상태에서 회생할 조건으로 경영자금 20억~30억 달러를 제공해 줄 채무자 소유의 펀드계약에 더 가까이 이동했다. 월드컴은 선도 대출은행인 씨티그룹, J. P. 모건 체이스 및 GE 캐피털과 거래를 협상하고 있다.

2000년 중반까지 소급된 이메일에서 월드컴의 전 CFO 스콧 설리번과 전 회계책임자 데이비드 마이어스가 잉여 네트워크 설비를 일시비용보다는 장기투자로 회계처리하기 위해 동료들과 상의하고 있었다. 2001년 초까지 마이어스와 설리번은 하락하는 이윤폭을 어떻게 해보라며 직원들에게 압력을 가하고 있었다. 2001년 3월 5일자 이메일에서 마이어스는 설리번과 임원 톰 보스레이가 텔코/마진스를 얻기 위해 뭔가를 할 필요성을 상의한 최근의 저녁식사를 언급하고 있다. 전 CEO인 버나드 에버스와 COO인 론 버몬트도 함께였다.

2000년 7월 월드컴의 회계담당 임원 버퍼드 예이츠가 마이어스에게 보낸 한 이메일은 월드컴이 비용처리한 것에 회계상의 정당성이 부족했음을 인정하고 있다. 소위원회의 빌리 타우진 의원은 "결론은, 월드컴 내부 사람들은 윗분들에게 당신네들이 원하는 것을 못한다고 말하려 노력하고 있으며, 윗분들은 내부 사람들에게 그들이 원하는 것을 해야만 한다는 것이었다"고 말한다.

마이어스는 회계사들에게, 처음으로 부적절한 부분에서 비용을 자본화한 것은 2001년 2/4분기였다고 말했다. 그는 그 행위로 인해 불안했지만, 이후 그 행위를 멈추기 힘들었다고 덧붙였다.

대표당사자로 선정된 퇴직연금

2003년 3월 12일, 월드컴 관련 살로먼 스미스바니 애널리스트 증권집단소송에서 뉴욕주 퇴직연금이 대표당사자로 선정되었다. 퇴직연금은 피해기간 동안 불법행위의 결과 3억 달러 이상의 손해를 보았다고 추정하고 있다.

1천억 달러에 이르는 뉴욕주 퇴직연금의 유일한 관재인(재산관리인)인 뉴욕주 감사관 앨런 헤베시는 월드컴 증권에 대한 살로먼 스미스바니의 추천과 관련된 살로먼 스미스바니 증권집단소송에서 대표당사자로 선정되었다.

제럴드 린치 판사가 내린 그날의 결정은 뉴욕주 퇴직연금이 1999년 4월부터 2002년 6월 사이 월드컴 증권을 매수했던 투자자들을 대리한, 살로먼 스미스바니를 상대로 한 민사소송의 제기를 주도하고 다른 월드컴 관련 피고들을 상대로 한 민사소송을 주도하는 데 책임이 있음을 의미한다.

살로먼 스미스바니를 상대로 한 소송에 의하면, 살로먼 스미스바니와 이 회사의 전 텔레콤 애널리스트 잭 그룹먼이 월드컴이 회계부정을 저지르는 동안 월드컴 주식을 허위로 추천하는 데 가담했다는 것이다.

"오늘의 결정은 뉴욕주 퇴직연금의 100만여 명의 구성원들과 자신들이 애써 번 돈을 날려버린 수많은 이들을 위한 재판을 받기 위한 우리의 노력에서 매우 중요한 조치"라고 헤베시는 말했다. "수많은 가족들에게 엄청난 개인적 비용을 지불하게 하면서 공공의 신뢰를 위반한 이 기업 임원들은 책임을 져야 한다. 우리는 공공의 신뢰를 위반한 기업은 처벌되어야 한다는 강력하고도 분명한 메시지를 보내야 한다."

퇴직연금은 과거에 살로먼 스미스바니를 포함한 월드컴의 임원들, 감사를 한 회계법인들, 인수인들 및 기타 관련자들을 상대로 한 증권집단소송과 관련된 원고로 활동하기 위해 또 다른 연방판사에 의해 대표당사자로 선정되었다. 그 소송은 월드컴이 자신의 재무제표에서 수입과 이익을 과대계상하는 회계부정을 저지르고, 그 결과 주식 가격을 인위적으로 부풀렸다고 주장하고 있었다.

살로먼 소송에서 퇴직연금이 대표당사자로 선정됨으로써 월드컴 소송에서의 선정 이후 이미 달성한 실질적인 성과를 기초로 일을 추진할 수 있다. 그 중에서도 특히 퇴직연금은 2002년 10월 162쪽에 이르는 소장을 제출했으며, 퇴직연금이 월드컴의 수십만 건의 내부문서에 접근할 수 있게 한 획기적인 판결을 받았던 것이다.

　2004년 5월, 살로먼 스미스바니의 모그룹인 씨티그룹은 월드컴 관련 집단소송에서 26억 5천만 달러에 화해함으로써 소송을 봉합했다. 씨티그룹 CEO 찰스 프린스는 "이 불행한 경험을 계기로 향후 성장에 초점을 맞추는 것이 중요하다"고 강조했으나, 합의문에서조차 위법사실은 부인했다.

　월드컴과 관련된 투자자들의 집단소송 총액은 540억 달러에 이른다.

3장 14억 달러의 화해와 뉴욕주 검찰총장

뉴욕주 검찰총장 엘리엇 스피처는 지난 2000년, 메릴린치, 씨티그룹과 골드만 삭스, J. P. 모건 체이스, 모건 스탠리 등 월스트리트의 10대 투자은행들의 투자자 호도 분석보고서 관련 사건을 파헤치며 일약 영웅으로 떠올랐다. 그는 집요하게 증거를 추적하여 2002년 5월 10개 투자은행과 14억 달러에 화해하여 그들의 항복을 받아냈다. 이후로도 금융계의 시스템 개혁을 부르짖으며 사정의 칼날을 휘두르고 있다. 그러나 메릴린치와 전 애널리스트 헨리 블로짓을 상대로 160명의 투자자들이 제기한 집단소송은 증거부족으로 기각됐다. 골드만 삭스, CSFB, 모건 스탠리 등을 상대로 제기된 또 다른 소송에서도 법원은 피고인 증권사들의 손을 들어주었다.

메릴린치, 뉴욕주 검찰총장과 화해

2002년 5월 21일 CNN은 메릴린치와 뉴욕주 검찰총장 엘리엇 스피처가 메릴린치 관련 이익충돌사건을 화해했다고 보도했다.

스피처는, 그 화해는 월스트리트의 투자은행들이 이메일과 문서를 검토하고 "와서 우리와 함께 올바른 논의를 갖자"고 권하면서 모든 투자은행들에게 메시지를 보내야 한다고 말했다.

화해의 일부로서, 메릴린치는 벌금 1억 달러를 납부하고 앞으로 어떤 부정행위도 하지 않아야 한다. 1억 달러 중 4,800만 달러는 뉴욕주에, 5,200만 달러는 모든 다른 주에 납부하게 될 것이다.

메릴린치는 또한 그것은 애널리스트들인 투자은행의 비즈니스로 보수를 받는 방법을 달리할 것이고, 그 목적은 많은 새로운 정책을 통해 달성될 것이라고 말했다. 또 애널리스트들은 메릴린치의 투자고객에게 이익을 내주기로 되어 있는 행위들과 서비스로부터만 보수를 받게 될 것이라는 말도 했다.

회견장에서 스피처는 애널리스트 보수는 현재 애널리스트 추천과 관련해 주식의 실적에 기초하고 있다는 말을 했다. "처음부터 우리의 목적은 증권 애널리스트들이 자신들의 리서치를 행하고 투자권유를 하는 방식에서 투자자 신뢰를 강화하기 위한 것이었다".

스피처는 2002년 4월에 메릴린치를 기소했다. 투자은행의 리서치 애널리스트들이, 일반 투자자들에게 자신들의 주식과 채권을 매도함으로써 메릴린치에게 돈을 벌게 해주는 회사들에게 더 유리한 주식

등급을 부여했다는 것이었다.

　스피처는, 그 합의서는 투자자 자문을 어지럽히는 리서치와 뱅킹 사이의 직접적인 연결고리를 차단하는 실질적인 개혁내용을 포함하고 있다고도 말했다. 그러나 스피처는 수사가 아직 끝나지 않았음을 강조하고, 모든 다른 주요 월스트리트 투자은행들은 화해하라고 조언하고 "우리가 그것을 실천할 수 있는가?"를 물었다.

　또한 스피처는 "이 개혁들이 업계의 기준이 되어야 비로소 업계 전체를 개혁한 것이 될 것"이라고 말했다. 스피처의 논평이 있은 지 1시간도 안되어, 골드만 삭스는 자사의 리서치 애널리스트 정책이 바뀌었다고 발표했는데, 그 내용에는 보수의 검토와 리서치 옴부즈맨의 창설이 들어 있었다.

블로짓이 보낸 이메일, 이를 이용한 사람들

　스피처는 전 스타 애널리스트이자 인터넷 권위자인 헨리 블로짓을 포함한 메릴린치의 애널리스트들이 뉴욕의 투자은행들로부터 공개적으로 높은 등급을 받은 주식을 사적으로 혹평하고 있는 이메일을 공개했다.

　또한 메릴린치는 객관적 타당성을 위하여 주식 등급의 변경을 검토하기 위한 리서치추천위원회를 창설했으며, 컴플라이언스 위원을 지명했다고 발표했는데, 메릴린치가 1년 동안 화해를 지키는 것을 보장하기 위해 스피처의 승인을 받았다. 또 그것은 투자은행가들과 리서치 애널리스트들 사이에 이메일 교환을 감시하기 위한 새로운 시스템을 설치할 것이다.

월스트리트 애널리스트들 신뢰성 회복 노력

2001년 6월 14일 『산호세 머큐리 뉴스』에 따르면, 월스트리트의 투자은행들은 담당 기업의 좋지 못한 사정을 제대로 알려주지 않는다고 의심하는 투자자 및 감독당국의 압력에 밀려 신뢰성을 대폭 높이는 방향으로 관련 조치를 강화하기로 다짐했다.

두 단체가, 분석가들이 투자은행이 아닌 투자자들의 이익을 위해 봉사한다는 것을 확실히 보장해주는 방법에 대해 구속력이 없는 최선의 관행 제안을 내놓았거나 내놓을 예정이다. 주요 투자은행들의 단체인 증권업협회는 6월 13일 보고서를 내놓았다. 애널리스트들을 대표하는 투자자문연구협회도 다음 주 백서를 발표한 뒤 유사한 제안을 내놓을 예정이다.

그러나 일부 애널리스트들은 이 결의문이 "술에 잔뜩 취한 사람이 다시는 술을 마시지 않겠다고 서약하는 꼴"이라고 비아냥거렸다. 투자은행인 프리커서 그룹을 이끌고 있는 스캇 클리랜드는 "투자은행, 일반 투자자, 리서치 업무 등 여러 가지를 섞어 잡동사니로 운영하면 섬길 곳이 많게 마련"이라며 "이렇게 되면 일반 투자자들이 가장 홀대당하기 쉽다"고 잘라 말했다.

2000년에 주식시장이 폭락하는 동안, 투자자들에게 매도를 권고

한 투자은행 분석보고서는 전체의 1%에도 못 미쳤다. 나스닥 지수가 최고치 대비 50% 이상 급락한 2000년 12월에도 분석보고서 중 겨우 2.1%만이 주식 매도를 권고했고, 71%는 매수를 추천한 것으로 밝혀졌다.

압력에 시달리는 애널리스트들

비판론자들은 애널리스트들이 어떤 주식을 사야 하는지에 대해 투자자들에게 봉사하는 객관적인 상담사가 되어야 한다고 주장한다. 그러나 일반적으로, 대형 투자은행의 분석가들은 상장, 합병, 주식 및 채권발행 등을 필요로 하는 기업유치가 주 업무인 투자은행가들과 함께 일한다. 따라서 애널리스트들은 투자은행업이 수익창출의 대부분의 원천이기 때문에 담당 기업을 좋게 평가하라는 압력에 시달릴 수밖에 없다.

결과적으로 애널리스트들은 투자은행을 위한 근시안적인 치어리더 역할밖에 못한다는 얘기이다. AFL-CIO의 부법률고문 데이몬 실버스는 "애널리스트들이 본질적으로 부정확한 추천을 할 수밖에 없는 상황"이라며 "경쟁 때문에 야기되는 갈등도 모든 업무에 영향을 미친다"고 진단했다.

이런 갈등은 지난 몇 년간 대부분의 회사들은 애널리스트들이 리서치를 통해 얼마나 많은 거래를 지원했는지를 수입과 연결시키는 등 저급한 조치를 취하면서 더욱 악화됐다. CSFB의 첨단기술 연구

그룹 분석가들은 이례적으로 유명세를 탄 투자은행가 프랭크 쿼트론과 회사의 리서치 책임자에게 보고를 하도록 조치한 경우도 있었다.

이제 월스트리트는 다음과 같은 제안을 하며, 이 같은 행동을 시정하기로 했다.

- 분석가들의 수입과 투자은행 거래를 바로 연결시키지 마라.
- 다른 사람들에게 주식을 사라고 추천한 분석가들이 주식을 팔게 해서는 안된다.
- 투자은행들이 분석보고서를 검토할 수 있도록 용인하지 말라.
- 애널리스트들이 투자은행에 보고하는 것을 용인하지 말라.
- 애널리스트나 가족이 담당 회사의 주식을 보유하고 있을 경우 이를 공개하도록 하라.

최대 투자은행과 집단소송의 각하

2002년, 10대 유명 투자은행들과의 14억 달러 화해가 이루어졌을 때, 엘리엇 스피처는 투자은행이 지속적인 수수료 수입을 확보하기 위해 주식에 대한 유리한 투자의견을 제공했음을 보여주는 메릴린치 애널리스트들의 이메일을 공개했다.

성난 투자자들은 재빨리 월스트리트의 일부 대형 투자은행들을 상대로 보복수단을 찾아 나섰다. 그러나 2003년 7월 1일 뉴욕주 연방법원의 밀턴 폴락 판사는 메릴린치와 전 인터넷 애널리스트 헨리 블로짓을 상대로 제기된 집단소송을 각하했다.

이때 폴락 판사는 몇몇 투자자들을 지칭할 때 '가혹한', '신랄한', '비꼬는', '강한' 등의 표현을 사용했다. 이 판결을 두고 일부는 장래 각하판결의 전례가 될 것이라 믿고 있고, 다른 일부는 그의 행동이 무모한 것이었거나, 아니면 허울만의 소송을 할 것이라 믿고 있다.

메릴린치 집단소송은 메릴린치의 고객들이 아닌 집단구성원들을 포함하고 있는데, 이것은 매우 어려운 사기사건이다. 유능하고 경험이 풍부한 주식사기 전문 변호사들이 사건을 더 확실하게 만들기 위해 직접 증거를 수집함으로써 소를 제기하는 것을 도울 수 있는 투자자들이 아직도 매우 많이 남아 있다. 개별 주식사기 관련 소송들은 사건별 시나리오 면에서 투자자들에게 더 유리한 긍정적 결과가 나올 수 있는 주요 월스트리트 투자은행들을 상대로 진행 중이다.

투자자들은 편파적인 리서치를 폭로한 월스트리트 스캔들에 여전히 매우 분노하고 있으며, 투자은행들을 상대로 개별소송을 하려 노력하고 있다.

4장 그 밖의 집단소송 사례

1. 호텔스닷컴

호텔스닷컴은 미국 대형 전자상거래 서비스업체인 인터랙티브의 여행서비스 부문 계열사이다. 호텔스닷컴은 2002년 10월 10일 주주들에게 회사가 전도유망하다는 허위의 가치증대 평가의견을 제공하자 주식가격은 2002년 12월 2일 75달러까지 상승했다. 2003년 1월 6일 내부자거래로 4,200만 달러 이상의 이득을 챙긴 뒤에야, 호텔스닷컴은 투자자들에게 자신들이 제대로 된 예상을 못했음을 밝혔고, 주가는 44달러로 하락했다. 이것은 8억 5,500만 달러 이상의 손실을 가져왔다.

호텔스닷컴(Hotels.com) 및 일부 임원과 이사들을 상대로 집단소송이 제기되었다. 소송대리인은 2002년 10월 23일부터 2003년 1월 6일 사이에 호텔스닷컴 주식을 산 사람들을 대리해 텍사스 북부지방 법원에 소를 제기했다.

호텔스닷컴은 2002년 10월 10일 주주들에게 회사가 매우 전도유 망하다는 내용의 허위의 가치증대 평가의견을 제공했다. 283달러에 서 289달러로 수익계획이 4/4분기에 변경되었을 때 회사 주식은 1주 당 46센트에서 2002년 12월 2일 75달러로 크게 상승했다. 2003년 1 월 6일 내부자거래로 4,200만 달러 이상의 이득을 챙긴 뒤, 호텔스닷 컴은 투자자들에게 자사가 제대로 된 예상을 못했다고 말했고, 주가 는 44달러로 하락했다. 이것은 8억 5,500만 달러 이상의 손실을 가 져왔다.

미국의 1934년 증권거래법은 증권거래위원회 창설과 함께, 증권 거래소에 등록하는 증권발행에서의 조작행위를 금지하고, 일정한 재 무정보와 내부자거래에 대한 공시를 요구하고 있다.

다음은 호텔스닷컴의 일부 임원들 및 이사들은 알고 있었지만, 피 해기간 동안 투자자들에게는 공개되지 않았던 정보이다.

- 회사가 일반인들의 생각만큼 일일 평균 객실가격의 증가를 경 험하지 못했다.
- 이 기간 동안 회사는 주정부당국이 객실 자체에 대해 지급하는 할인된 가격이 아니라, 도매업자들이 고객들에게 실제로 부과 하는 가격에 기초한 점유세를 지급할 것을 강제함에 따라 조세

수입을 증대시키려고 했다는 것을 알고 있었다. 이것은 계획된 2003년 회계연도와 EPS 이상을 달성하기 위한 회사의 능력을 훼손시켰다.

- 실제로 회사는 10월의 9%에서 11월의 8.6%로 시장점유율이 떨어졌다.
- 실제로 회사는 9월의 10.2%에서 10월의 9%로 시장점유율이 떨어졌다.
- 회사의 장래 판매수익은 회사의 주요 시장에서 점유세의 변화에 의해 부정적인 영향을 받았다.

이 모든 것은 피해기간 동안 호텔스닷컴의 주가가 인플레된 가격으로 거래되는 결과를 야기했고, 회사의 임원과 이사들은 4,200만 달러어치의 주식을 팔아치웠다. 호텔스닷컴 회장 겸 이사인 로버트 디너는 피해기간 동안 2,140만 달러어치 이상, CFO인 멜 로빈슨은 209만 달러어치 이상의 주식을 매도했다고 한다. 이들은 호텔스닷컴과 함께 피고로 지정되었다.

2. 오라클사

오라클사는 유명한 미국의 소프트웨어 제조회사로, 1977년 로렌스 J. 엘리슨이 설립했다. 당사의 전망을 허위로 공시해 32달러나 인위적으로 상승된 가격으로 당사의 9억 달러어치의 주식을 매도하여 회사의 손실을 줄였다는 내부자거래를 이유로 2001년 집단소송을 제기당했다.

2001년 3월 12일의 한 보도에 따르면, 오라클사의 CEO 래리 엘리슨이 자신이 보유한 약 9억 달러어치의 주식을 매도했다는 것을 내용으로 하는 집단소송이 제기되었다. 이것은 금융시장 역사상 가장 큰 내부자거래인 것 같다.

집단소송 소장에 따르면, 소프트웨어 거인인 오라클은 자사의 3/4분기 전망을 허위로 공시했는데, 10억 달러의 비용절감은 자사의 소프트웨어 완성이 아니라 사원해고를 통해 이룬 것이었다고 한다. 소장에 따르면, 오라클의 CEO 래리 엘리슨은 자사 소프트웨어가 "커다란 기술적 결함을 갖고 있으며 시스템 통합작업에 많은 비용이 든다"는 사실을 잘 알고 있었다. 또한 엘리슨은 자신의 회사가 3/4분기 예상치를 달성하지 못한 것을 알고 있었고, 다음의 소득정정을 하락시키기 전에 회사의 많은 주식을 매도함으로써 손실을 줄였다.

"엘리슨은 1주당 32달러나 인위적으로 상승된 가격으로 자신이 보유한, 거의 9억 달러어치의 오라클 주식을 매도했는데, 이것은 금융시장 역사장 가장 큰 내부자거래인 것으로 보인다"고 소장은 밝히고 있었다. 엘리슨은 또 지난 1월의 주가급락 이전 과거 5년 동안 어떤 주식도 매도하지 않은 것으로 밝혀졌다.

소송대리인은 양로연금펀드 지점을 대리하여 소를 제기하고 2000년 12월 15일부터 2001년 3월 15일 사이에 오라클 주식을 매수한 원고들을 찾고 있었다. 주식을 사기적으로 매도한 엘리슨을 고소하면

서, 소송대리인은 오라클사 임원들이 오라클이 다음 분기에 큰 수익
을 올릴 것이라고 힘주어 주장했지만, 이 말을 갑자기 바꿨다고 주장
했다.

3월 1일 애널리스트들과의 전화회의에서 엘리슨은 신경이 과민한
많은 임원들이 하락세에 있는 경제와 오라클사의 3/4분기 말기의 실
적에 영향을 미치기 때문에 소프트웨어 매수를 연기했다고 말했다.
엘리슨의 발언 이후 오라클 주가는 21% 하락한 16.88달러였다.

3. 하노버 컴프레서사

천연가스 펌프대여회사인 하노버 컴프레서사는 분식회계를 했다는 이유로
2002년 2월 집단소송을 제기당했다. 결국 8천만 달러에 화해하고, 투자자들
의 주장대로 기업지배구조 개선조치도 취했다.

2003년 5월 13일 『로이터 통신』에 따르면, 천연가스 펌프대여회
사인 하노버 컴프레서사는 집단소송에 대하여 8천만 달러를 지불하
는 화해를 하고 엔론과 앤더슨 논쟁 이후 투자자들이 압력을 가하고
있는 기업지배구조 개선조치를 취했다.

2002년에 회계상의 오류를 발견한 뒤, CEO를 해임하고 실적을
정정했던 하노버사는 현금 3천만 달러에 합의하고, 250만 달러어치
의 보통주를 발행하고 920만 달러어치의 임시증권을 발행했다.

소송대리인에 따르면 하노버사는 부정하게 수익을 보고하고 주가

를 조작하는 동안 내부자거래에 가담했다. 그러나 하노버사 대변인은 "우리는 어떤 불법행위도 인정하지 않으며 화해를 우리 회사의 잘못으로는 여기지 않는다"고 말했다.

또한 2001년 3월 하노버사의 2차 공모의 일부에서 주식을 매도했던 하노버사의 투자자들인 GKH 인베스트먼트사와 GKH 프라이비트사는 그 공모로 인해 발생된 청구에 대해 화해하는 데 합의했다. 하노버사는 250만 달러의 하노버 주식을 GKH에 지급할 것이라고 말했다.

화해에서 하노버사는 회사 주식의 1% 이상을 가진 주주들이 즉시 독립이사를 위한 2명의 후보자를 지명할 것을 허용하는 것에도 동의했다. 또한 하노버사의 이사회의 2/3는 또 독립이사이어야 하고, 하노버사는 적어도 매 5년마다 회계감사를 하는 회계법인을 교체해야 한다.

별도의 화해에서 하노버사는 1/4분기 실적이 손실로 처리되고 화해비용으로 거액을 지출하여 큰 손실을 입었다고 말했다. 그것은 1년 전의 500만 달러의 순수입 또는 1주당 6센트의 수입과 비교해서 5,030만 달러의 순손실 또는 1주당 63센트의 손실에 해당하는 것이다. 납세 후 화해금 5,100만 달러를 제외하고, 하노버사는 170만 달러 또는 1주당 2센트를 벌어들였다.

뉴욕의 한 투자은행가는 "화해가 이루어졌다는 것은 회사에게는 무엇보다도 좋은 소식이다"라고 말했다.

4. 웨이브 시스템사

웨이브 시스템사는 컴퓨터 보안 소프트웨어 개발회사로, 테크놀로지 업체인 인텔 및 IBM과의 제휴를 통해 주가를 상승시키려고 허위 보도자료를 냈다. 또, 사모(private placement)를 통해 자금을 조달했으며, 회사의 일부 임원과 이사들은 내부자거래로 150만 달러를 챙겼다. 2004년 주가상승 인위조작을 위한 허위 보도자료 배포와 내부자거래 등의 이유로 집단소송이 제기되었다.

2004년 2월 10일 『유에스에이 투데이』 보도에 따르면, 피해기간인 2003년 7월 31일부터 2004년 2월 2일 사이에 웨이브 시스템사의 주식을 매수하거나 취득한 모든 사람들을 대리한 집단소송이 매사추세츠 지방법원에 제기되었다.

소장에 따르면, 피고들은 피해기간 동안 웨이브 시스템사 주가를 인위적으로 상승시키는 데 영향을 준 중요 사항의 허위자료를 발표함으로써 증권법을 위반했다고 한다.

피해기간 동안 피고인 웨이브 시스템사는 세계에서 가장 큰 테크놀로지 업체인 인텔 및 IBM과의 제휴를 통해 회사의 주가를 상승시키려고 허위 보도자료를 냈다. 피고들은 사모(private placement)를 통해 자금을 조달했으며, 회사의 일부 임원과 이사들은 내부자거래로 150만 달러를 챙겼다. 2003년 12월 18일 웨이브 시스템사는 "증권거래위원회가 2003년 8월 자사의 공개발표를 조사하고 있으며, 이 시기에 발생한 내부자거래도 조사하고 있다"는 보도자료를 냈다.

피해기간 동안 발표된 피고의 공시는 다음의 사항을 포함하고 있지 않았다.

- 2003년 12월 18일자 웨이브 시스템의 IBM 관련 발표는 웨이브 시스템사에 직접적인 수익을 발생시키지 않았다.
- 2003년 7월 31일자 웨이브 시스템의 인텔 관련 발표는 실제로 중요하지 않으며, 2004년까지 웨이브 시스템에 어떤 수익도 발생시키지 않을 것이다.
- 소위 인텔과의 계약은 인텔에게 최소량의 소프트웨어도 매수할 것을 요구하지 않았다.
- 2003년과 2004년 동안 선적된 컴퓨터 마더보드는 매우 소량이었다.

또한 피고의 허위공시 결과로 피해기간 동안 웨이브 시스템 주식은 인플레된 가격에 거래되어 2003년 8월 5일 1주당 4.53달러 이상 상승했고, 웨이브 시스템 임원과 이사들은 자신들의 보유주식을 매도하여 860만 달러 이상의 이득을 챙겼다.

원고들은 피해기간 동안 웨이브사의 주식을 매수하거나 다른 방법으로 취득한 모든 사람들을 대리하여 손해배상을 구하고 있다.

IPO 황제 프랭크 쿼트론

프랭크 쿼트론은 크레디트 스위스 퍼스트 보스턴(CSFB)의 스타 투자은행가로, CSFB에 재직하면서 기업분석과 기업공개(IPO)를 연결, CSFB에 '기술주를 가장 잘 아는 투자은행'이라는 명성을 안겨주며 IPO의 황제로 군림했다. 그러나 기술주 거품의 붕괴와 함께, 기업공개과정에서의 부당한 주식배정, 투자자 오도, 증거문서 파기 등의 혐의로 2003년 5월 연방법원에 기소되었고, 2004년 9월 징역 18개월과 9만 달러의 벌금을 선고받았다.

2001년 7월 10일 『산호세 머큐리 뉴스』에 따르면 실리콘 밸리의 스타 투자은행가 프랭크 쿼트론만큼 폭발적인 닷컴 붐을 누린 사람도 없다.

신생 팀을 만들어 기업공개(IPO, Initial Public Offering)의 황제로 떠오른 쿼트론은 월스트리트의 과점체제를 깨뜨렸다는 평가를 받았다.

현재 닷컴 몰락과 함께 쿼트론도 어려운 처지로 빠져들고 있다. 그가 몸담고 있는 투자은행 크레디트 스위스 퍼스트 보스턴(CSFB)은 연방수사관들이 CSFB를 비롯한 투자은행들이 IPO 주식을 어떻게 배정했는지에 대해 수사를 계속하는 도중 기술그룹에서 같이 일하던 3명의 투자은행가를 해고했다.

쿼트론이 이끌던, 실리콘 밸리 인근의 팔로 알토(Palo Alto: 실리콘 밸리 근처의 스탠퍼드 대학이 있는 지역)에 있는 IPO팀은 지난 2년간 전통적으로 IPO 시장을 휩쓸었던 월스트리트의 어느 투자은행보다도 활발하게 신생기업들이 IPO를 통해 주식을 팔도록 지원했다.

그러나 인터넷 거품이 빠지면서 타격을 입은 소액투자자들이 200건 이상의 집단소송을 제기했다. 이들 투자자의 변호사들은 CSFB 등의 투자은행들이 거래고객에게 유리한 방향으로 시장을 조작했다고 주장하고 있다.

투자은행가들은 비상장기업들이 일반인들을 대상으로 주식을 매각하는 절차인 IPO에 지대한 영향을 미친다. 투자은행가들은 IPO 가격을 정하고 주식이 정식으로 거래되기 전에, 이 가격으로 주식을 살 수 있는 투자자들을 결정한다.

CSFB는 1990년대 후반 하이테크 열풍이 몰아칠 때 경쟁업체로부터 쿼트론과 그의 팀을 빼내왔다. 쿼트론은 2년 만에 기술업체 상장 실적 면에서 CSFB를 6위에서 1위로 끌어올렸다. 하지만 쿼트론이 손댄 분야는 특이했다. 쿼트론은 실리콘 밸리의 다른 투자은행가들과는 달리, 인수업체와 증권사 업무에서 합병 및 벤처펀드의 설립에 이르는 모든 투자과정을 실질적으로 감독했다.

투자은행은 자금을 조달하는 직원과 특정 기업에 대한 투자를 추천하는 애널리스트들 사이의 이익이 상충되는 것을 막기 위해 투자은행 업무에 칸막이를 유지했다. 그러나 지난 몇 년 사이에 이 칸막이는 사라지기 시작했다.

1. 초라한 출발, 창대한 성공

프랭크 쿼트론은 영화 〈록키〉나 보스의 암살로 유명한 남부 필라델피아의 이탈리아계 노동자들을 이웃으로 둔 가정에서 태어났다. 쿼트론은 1998년 어느 인터뷰에서 "생존하기 위해 일찍 자립해야 했을 뿐만 아니라 주위를 살피는 능력도 기르게 됐다"고 밝힌 적도 있다.

이탈리아계 이민자의 아들인 쿼트론은 필라델피아의 살벌한 거리에서 날카로움과 배짱을 익힌 덕분에 경쟁이 치열한 투자은행계에서 성공할 수 있었는지도 모른다.

예외적으로 머리가 좋았던 '프랭키'(이웃에서는 아직도 그를 이렇게 부르고 있다)는 장학금으로 예수회 소속의 사립 중등학교에 진학했다. 그는 PC 혁명이 한창이던 1970년대 말, MBA를 하기 위해 스탠퍼드 대학에 왔고, 마이크로소프트사의 당시 CEO 스티브 발머 같은 미래의 하이테크 지도자들과 우정을 키웠다.

1983년에는 월스트리트의 일류 투자은행 중 하나인 모건 스탠리에 합류해 뉴욕 시민들을 위한 실리콘 밸리에서의 하이테크 투자를 진두지휘하게 됐다.

쿼트론은 월스트리트 기준에서는 작은 규모인 실리콘 그래픽스(Silicon Graphics)의 2천만 달러짜리 IPO 가치를 알아보는 선견지명이 있었다. 모건 스탠리가 실리콘 그래픽스와의 관계를 발전시켜 주식발행 및 인수합병 자문 등의 추가 사업으로 거래규모를 10억 달러로 늘릴 수 있었던 것이다.

모건 스탠리에서 쿼트론은 나중에 넷스케이프 같은 역사적인 IPO를 딸 수 있도록 도움을 준 경쟁력을 배웠다. 그는 신중한 CEO들에게 개인적이고 감성적으로 접근해 친교를 맺었을 뿐만 아니라, 시장의 이해와 냉혹한 승리의 방법을 적절히 섞을 줄도 알게 되었다.

쿼트론이 어떻게 경쟁자들을 물리쳤는지는 실리콘 밸리에 거의 전설처럼 알려져 있는데, 한 번은 '노새 (mule)가 된 기분' 이라고 불평한 고객을 위해 로비에 노새를 대기시켜 놓을 정도였다. 그러나 고객을 확보하는 만큼 적도 생겨났다.

CSFB에서 애널리스트로 근무하다 지금은 소프트뱅크 벤처캐피털의 벤처캐피털리스트로 활약하고 있는 빌 번햄은 "쿼트론이 친구가 많은 편은 아니었다"며 "월스트리트의 다른 은행들은 쿼트론의 명성이 한두 단계 낮아지기를 바랄 것"이라고 말했다.

1996년, 모건 스탠리에서 17년을 보낸 쿼트론은 더 많은 권한과 보수를 요구했다가 거절당하자 사임했다.

하이테크 뱅킹에 진출하려던 도이치 모건 그렌펠 증권이 1996년 쿼트론에게 이 업무를 맡아줄 것을 제안했다. 쿼트론은 도이치에서 새로 부여받은 재량권을 잘 활용해 아마존 등의 유명한 IPO를 주선했다. 1997년 5월, 18달러에 상장된 아마존은 3차례의 액면분할을 단행한 뒤인 1999년 12월, 106달러 68센트의 최고가를 기록했다.

그러나 도이치와의 결합도 곧 시들해졌다. 쿼트론은 도이치가 고위험 채권을 투자자들에게 팔기 위해 필요한 특별한 판매인력이 없어 아마존의 후속 거래를 놓친 뒤 "가슴이 찢어지는 듯했다"고 털어놓기도 했다.

2. 영광의 끝은 추락?

인터넷 붐이 뜨겁던 1998년 여름, CSFB가 쿼트론에게 더 큰 재량권과 보수를 제안했다. 그는 2년 만에 두 번째로 배를 갈아타면서 월스트리트 사상 최대 규모의, 그리고 가장 논란이 많았던 기습을 단행했다. 쿼트론 퇴직 2주 만에 그의 휘하에 있던 150명의 도이치 직원 중 132명이 CSFB로 합류했던 것이다.

쿼트론이 도이치를 떠나기 몇 달 전 회사를 떠나는 게 아니라고 호소하면서 고객들에게 보낸 편지는 아직도 전설로 남아 있다. 그것은 "여기 남아 있을테니 부디 믿어달라"였다. 많은 고객들이 그를 따랐고, 이들은 현재 CSFB로 옮겨간 상태다.

그러나 쿼트론은 기술주 거품의 붕괴와 함께, 기업공개과정에서의 부당한 주식배정, 투자자 오도, 증거문서 파기 등의 혐의로 2003년 5월 연방법원에 기소되었고, 2004년 9월 징역 18개월과 9만 달러의 벌금을 선고받았다.

인터넷 애널리스트의 스타 헨리 블로짓

메릴린치의 애널리스트였던 헨리 블로짓은 잭 그룹먼, 미키 등과 함께 인터넷 3인방이라 불리던 스타 인터넷 애널리스트였다. 아마존닷컴의 주식이 400달러까지 오를 것이라는 예측이 적중하여 단숨에 스타가 되었으나, 인터넷 거품시대의 붕괴와 더불어 투자자를 오도한 분석보고서를 이유로 기소당해, 400만 달러의 벌금을 물고, 영원히 증권업계에서 추방되었다.

2003년 1월 5일자 『유에스에이 투데이』 보도에 따르면 인터넷 애널리스트 스타였던 전 메릴린치 애널리스트 헨리 블로짓은 자신이 사기와 증권법 위반으로 증권감독당국에 의해 제소당하는 것을 피하기 위해 협상 중이며, 세간에서는 이 사태에 대해 말을 아끼고 있다고 한다. 블로짓은 증권업협회가 그에게 취할 조치를 준비 중이라는 통지를 받았다. 증권업협회는 블로짓이 투자은행의 이익을 위해 주식을 과대선전함으로써 소액투자자들을 속인 혐의가 있다고 말했다.

또, 블로짓의 변호사들이, 블로짓의 증권업계 종사금지와 1천만 달러 이상의 벌금 부과를 내용으로 한 화해협상을 증권업협회와 진행중이며, 이 상황을 사람들이 알고 있음도 보도되었다.

화해협상이 성사되면, 그 거래는 살로먼 스미스바니의 전 텔레콤 애널리스트인 잭 그룹먼에게 취해진 유사한 조치를 반영하게 되는 것이다. 잭 그룹먼은 지난 달 1,500만 달러의 벌금을 납부함으로써 화해를 했고, 증권업계에서 영원히 추방되었다.

수백 명의 월스트리트 애널리스트들은 거래를 성사시키는 훌륭한 솜씨에 기초하여 보수 패키지를 개선하기 위해 1990년대 후반 테크놀로지와 텔레콤 주식 버블의 시기에 문제투성이 보고서를 냈다고 한다.

그러나 많은 애널리스트들이 개인투자자들에 의한 민사소송에 직면하고 있음에도 불구하고, 증권규제당국은 소수의 주목할 만한 위반 행위자들만을 본보기로 징계하려 하는 것 같다. 유사한 소송에 직면할 것으로 예상되었던 이전의 다른 위반자들은 CSFB에서 일했던 테크놀로지 거래메이커인 프랭크 쿼트론과 모건 스탠리에서 근무했던 하이테크 붐 시기의 또 다른 스타이다.

메릴린치에서 일하기 전 소규모 투자은행에서 일하던 블로짓은 1998년, 아마존닷컴의 주식이 현재 240달러에서 1년 안에 400달러까지 상승할 것이라고 예측함으로써 유명해졌다. 그의 예측은 적중하여 아마존닷컴의 주가는 폭등하여 한 달 뒤 400달러까지 상승했다. 이후 그는 메릴린치에서 높은 보수를 받았다.

2001년 11월 버블이 폭발하고 블로짓이 좋아하는 주식들의 주가가 바닥까지 내려간 2년 후, 블로짓은 메릴린치를 그만두고 현재는 어느 서점에서 일하고 있다고 한다.

5개월이 지나지 않아 뉴욕주 검찰총장 엘리엇 스피처는 메릴린치가 지나치게 낙관적이고 편파적인 주식 리서치로 투자자들을 속였다는 이유로 기소했다. 스피처는 블로짓을 포함한 몇 명의 메릴린치 애널리스트들이 공공연히 과대선전한 주식들을 개인적으로 혹평한 이메일 내용을 공개했다.

메릴린치는 벌금액수 합의 몇 주일 뒤에 1억 달러를 납부하는 데 동의했다.

스피처가 공개한 악명높은 이메일 중 하나를 보자. 블로짓은 2001년 1월 회사의 개시된 인터넷 검색엔진인 고투닷컴(goto.com)의 전망에 관해 익명의 기관투자가로부터 질문을 받았다. "투자은행의 수수료 이외에 '고투'에 흥미로운 점이 있는가?"라는 질문에, 블로짓은 "전혀 없다"라고 답하고 있었다.

6장
중재냐, 집단소송이냐

월스트리트에 대한 복수

2003년 4월 3일 『뉴욕타임스』는 다음과 같은 보도를 하고 있다.

당신이 씨티그룹의 증권 고객이라고 가정해 보자. 2년 전 브로커의 재촉으로 당신은 월드컴 주식을 많이 매수했다. 브로커는 유능한 텔레콤 애널리스트인 잭 그룹먼이 주가는 상승행진을 계속하리라 예측했다고 자랑했다.

2년 뒤 이 텔레콤 거인은 파산에서 빠져나오려고 허우적거렸고, 월드컴에 대한 당신의 투자는 실제로 휴지조각이 되었다. 그러는 사이에 그룹먼은 증권업계에서 추방되었고, 그가 월스트리트판 가짜 약장수 이상의 아무것도 아니었음이 폭로되었다.

이것은 월스트리트의 속임수에 기초해 주식을 매수하다 불에 덴 많은 투자자들이 직면한 곤경을 설명하고 있는 상황이다. 투자자들은 AT&T에 대한 그룹먼의 의심스러운 배신 또는 퀄컴, 아마존, JDS 유니페이스에 대한 이상한 매수추천들 중 하나에 의해 타격을 입었다.

그러면 투자자들이 월스트리트를 상대로 복수할 수 있는 가장 최선의 방법은 무엇인가? 투자자들은 애널리스트와 그가 속한 증권회사를 상대로 분쟁조정 신청을 하거나 잘못된 주식 리서치에 대한 수십 건의 집단소송들 중 하나에 참가해야 하는가?

법률적 전략을 선택하는 데 정답은 없다. 당신이 입은 손실액, 청구의 강도와 당신이 문제해결에 쓸 수 있는 시간의 양에 많은 것이 달려 있을 것이다. 손실액이 적고, 애널리스트의 보고서를 꼼꼼히 읽지 않았으며, 변호사와 밀접하게 작업할 시간이나 참을성이 없다면, 집단소송에 참가하는 것이 낫다.

중재와 달리 집단소송은 투자자쪽에 요구하는 것이 적다. 집단소송에서는 소송변호사들이 모든 잡무를 떠맡고, 소송관련 전 비용을 부담한다. 기본적으로 투자자가 하는 일은, 소송에서 집단구성원의 일부가 되는 데 동의하고 결과를 기다리는 것뿐이다.

"집단소송이 유리한 점은 당신은 수수방관한 채 뒤에 빠져 있을 수 있고 아무것도 하지 않아도 된다는 점이다. 당신은 소송에 시간이나 돈을 쏟아붓지 않기 때문에 아무 위험도 없다. 그것은 매우 게으른 사람을 위한 절차이다."

이와 대조적으로 중재는 종종 증언해야 할 경우도 있고, 투자자에게 청구를 뒷받침하기 위한 수많은 서류를 작성할 것을 요구한다. 무엇보다도 나쁜 것은 투자자가 입은 손해가 크지 않다면 대부분의 변호사들이 그 사건을 수임하려 들지 않을 것이라는 사실이다. 설사 사건이 가치가 있더라도.

그러나 라이더와 다른 이들이 수집한 통계에 따르면, 투자자가 애널리스트나 브로커에 대해 유리한 증거를 갖고 있다면 집단소송보다 중재를 받는 것이 더 낫다. 중재에서는 화해나 중재판정 결과 투자자들이 입은 현실적 손해의 50~60% 정도를 되돌려받는 것이 보통이다. 반면, 집단소송에서 대부분의 투자자들이 받을 수 있는 것은 현실적 손해의 약 5% 정도이다.

또한 집단소송에서 투자자들이 공평한 대우를 받지 못하는 이유는 대부분의 집단소송에서는 구성원들간 비인격적인 관계에 많이 관련되기 때문이다. 법률 전문가들은, 원고의 변호사들이 대리하는 투자자들과 접촉빈도가 낮기 때문에, 변호사들은 더 유리한 화해를 이끌어내기 위한 협상을 진행할 인센티브가 없다고 말하고 있다.

대부분의 집단소송사건의 경우에 구성원간의 비인격적인 관계라는 특성은 많은 불법행위 관련 소비자 소송이 종종 현금으로 반환받지 못하는 한 가지 이유가 된다. 그러한 소송에서 화해는 기업이 소비자들에게 자신들이 소송을 제기한 문제가 된 동일한 생산품을 매수할 수 있는 쿠폰을 제공할 것을 요구하고 있다.

"월스트리트의 투자은행들은 낮은 비용으로 많은 사건을 해결할 수 있기 때문에 집단소송을 더 좋아하는 경향이 있다"고 뉴욕의 증권전문 변호사이며 전 투자은행의 고문변호사인 요나단 코드 랑에만은 말했다. "그리고 투자은행들은 매우 낮은 손해배상 비율로 화해를 한다"고 말했다.

월스트리트를 오염시킨 리서치 스캔들

한 증권전문 변호사는 "고객이 개인적으로 관련되는 것과 적극적으로 참가하는 것을 원하지 않으면 집단소송을 권한다"고 전했다.

페이지는 현재 다음 주 그룹먼과 씨티그룹을 상대로 중재신청을 제기하고자 하는 수십 명의 투자자들을 대리하고 있다. 많은 투자자들은 그룹먼이 과대선전하고 씨티그룹 브로커들이 확실한 투자처로

부추긴 텔레콤 주식에 5만 달러에서 10만 달러까지 날렸다고 주장하고 있다.

현재 일반적으로 브로커리지 회사나 애널리스트에 불만이 있는 투자자는 중재를 선택할 기회가 없다. 증권분야에서의 많은 분쟁들은 준사법절차인 중재에 의해 해결되기 때문이다. 일반적으로 집단소송 전문 변호사들은 투자자들과 브로커들 사이의 분쟁에 휘말리는 것을 피하려 하는데, 이것은 투자자가 대량의 집단소송을 제기하는 것이 적당하지 않기 때문이다.

그러나 월스트리트를 오염시킨 리서치 스캔들은 집단소송 전문 변호사들을 위해 새로운 기회를 제공했다. 왜냐하면 매우 많은 투자자 청구들이 터무니없이 주식을 과대선전한 애널리스트에 대한 공통의 주장을 포함하고 있기 때문이다. 그것은 집단소송 전문 변호사들이 지난 해 업계에 널리 소문난 14억 달러의 화해가 성립되기 전에 오염된 브로커리지 리서치에 관해 집단소송을 제기한 이유이다.

마침내 수십 건의 집단소송이 그룹먼과 살로먼 스미스바니의 브로커리지 부서를 상대로 제기되었다. 메릴린치의 전 인터넷 베테랑 헨리 블로짓은 150건이 넘는 집단소송에서 피고가 되었다.

증권규제당국이 12개의 월스트리트 투자은행들의 주식 리서치 관행에 대한 대대적인 조사를 하면서 수집된 내부 이메일 내용을 공개하면, 더 많은 소송과 중재가 이어질 것으로 예상되었다. 예를 들면, 메릴린치는 자신의 이익을 지키기 위해 파트타임 변호사들을 선임하면서 온라인 고용서비스 업체인 몬스터닷컴(Monster.com)에 광고하리라 예상하고 있다.

그러나 중재나 집단소송에서의 승소는 쉽지는 않다. 최초의 '오염된 리서치' 소송들 중 하나인 모건 스탠리와 온라인 애널리스트인 메리 미커를 상대로 제기된 집단소송은 연방 판사가 즉시 각하해 버리고 말았음을 기억할 필요가 있다.

승소하려면, 투자자들이 주식의 매수를 결정할 때 애널리스트의 적극적인 주식추천을 믿었음을 입증해야 한다. 그러나 대부분의 투자자들은 애널리스트가 아닌 브로커와 거래를 했기 때문에 입증이 어려울 것이다. 투자자가 단순히 "그룹먼, 블로짓이나 미커 등 잘 나가는 애널리스트가 오를 것 같은 특별한 주식이라고 했다"라는 것만으로는 충분하지 않다.

"나는 당신이 현실적으로 리서치 보고서에 대한 신뢰를 입증할 필요가 있다고 생각한다"고 대학교수이자 증권중재클리닉 이사인 질 그로서는 말했다. "즉, 투자자는 추천이 없었다면 주식을 매수하지 않았어야 한다."

7장 기업 스캔들에 대학강단도 바쁘다?

2004년 1월 20일 『헤럴드넷』에 따르면, 보잉과 엔론 및 기타 기업들의 윤리관련 스캔들은 미국 비즈니스 스쿨에 최신 사례연구를 제공해주고 있다.

워싱턴 대학 재무학 교수 조나단 카포프는 그 주에 박사학위 논문을 쓰고 있는 학생들과 보잉사의 주요 임원인 필 콘디트의 사임을 부른 사건에 관해 토론을 할 스케줄을 잡고 있다고 말했다.

에드몬드 커뮤니티 칼리지의 회계학 교수 앤디 윌리엄스는 기업의 CFO들이 감옥으로 갔다는 글이 실린 신문기사 복사본을 학생들에게 배부했다고 말했다.

윤리학 토론강의는 회계학 강의실에 발 디딜 공간이 없을 정도로 큰 관심을 끌었다고 시애틀 대학 강사로 일하고 있는 윌리엄스는 말했다. "그것은 학생들의 관심을 끌었으며, 매우 중요한 점들에 대한 논의기회를 주었다."

윌리엄스에게는 월드컴과 엔론의 회계 스캔들이 특히 도움이 됐다. 월드컴의 회계사들은 월드컴을 더 수익성 높은 회사로 만들기 위해 비용을 수십억 달러의 가치로 허위기재했으며, 엔론의 CFO는 자신과 최고경영진들이 투자자를 속이고 주가와 신용등급을 상승시키기 위해 재무제표를 조작했음을 인정했다.

회계학 학생들이 배울 수 있는 교훈은 "특정한 하나의 직업보다 그 기준이 더 중요하다는 것"이라고 윌리엄스는 말했다. 내부고발자들은 때로 엄청난 개인적 대가를 치르지만, "분명한 입장을 취하지 않은 대가는 더 크다"고 말했다.

보잉의 윤리문제는 아주 최근에 밝혀졌기 때문에 윌리엄스는 그 사건을 커리큘럼에 넣을 시간이 없었다고 말했다. 지난 11월 CFO인 마이크 시어스는 767개의 유조선 거래를 협상했던 펜타곤 무기매수상에게 취직을 알아보았다는 주장에 휘말려 있었다. 또 보잉은 전 펜타곤 관리인 달랜 드뤼안을 해고했다.

"이해관계의 충돌에 관한 교훈을 얻게 되자, 그것에 관한 뭔가가 보였다"고 윌리엄스는 말했다. "객관적인 이해관계의 충돌이 없었다 해도, 이해관계의 충돌로 보이는 외관이 거기 있었다."

졸업반인 카포프의 학생들에게는 그 교훈들은 더 민감한 것이었다. 카포프 교수는 일반적으로 기업 스캔들은 대가를 톡톡히 치른다고 말했다. "기업은 잃어버린 명성을 회복하기 위해 상당한 금액을 지불하게 될 것이다."

다만, 대규모 방위계약자들이 규정을 위반하는 데 빠져 있는 것은 "상징적이고 그들에게 부과된 일시적인 벌금" 때문이라고 카포프는 말했다. 그는 두 가지 숨은 이유가 있다고 말했다.

첫째, 계약 참가자들에게 보잉 같은 거대 방위계약자들은 "너무 중요하다"는 것이다. 국방부는 그들 없이는 일을 할 수 없다. 따라서 관리들은 계약자들을 가혹하게 처벌하는 것은 국익을 위해 좋지 않다고 생각하고 있다. "그들은 너무나 전문화되어버린 지식을 갖고 있다"는 것이다.

둘째로, "국방부와 계약자들의 유착관계가 매우 끈끈하다"는 것이다. 많은 방위계약자들은 사업을 하는 동안 일반적으로 정부관리들과 함께 일한다. 그래서 규제를 주저하게 되는 것이다. 규제당국으로서는 옛 동료를 처벌하기가 거북한 것이다.

그의 말에 따르면, 예전에 어떤 사건에서 국방부는 보잉을 처벌하면서, 워싱턴에서 정부계약에 입찰하는 것을 금지했지만, 다른 지역에서 입찰서를 보내는 것은 허용했다고 한다.

최근 공군은 보잉의 위성발사계약 입찰을 금지했다. 보잉사 임원들이 경쟁사인 록히드 마틴으로부터 문서를 절취했음이 폭로된 직후였다. 그 사건은 보잉이 10억 달러를 지불하는 것으로 막을 내렸다. 그것은 정부가 "이 사건에서 약간의 실질적인 처벌을 원한다"는 신호일 수가 있었다고 카포프는 말했다. 그러나 과거의 패턴이 유지된다면, "방위분야에 대한 보잉의 손실은 보잉사의 명성에 걸맞게 더 상징성이 있을 것"이라고 그는 말했다. "보잉은 적어도 방위분야에서는 공정하게 이 폭풍을 타려고 한다."

현실세계의 이런 주제들은 강의실에서의 토론을 흥미롭게 해준다고 대학교수들은 말하고 있다.

증권관련집단소송법

제 1 장 총 칙

제 1 조(목적) 이 법은 유가증권의 거래과정에서 발생한 집단적인 피해를 효율적으로 구제하고 이를 통하여 기업의 경영투명성을 높이기 위하여 증권관련집단소송에 관하여 민사소송법에 대한 특례를 정하는 것을 목적으로 한다.

제 2 조(정의) 이 법에서 사용하는 용어의 정의는 다음과 같다.

1. "증권관련집단소송"이라 함은 유가증권의 매매 그 밖의 거래과정에서 다수인에게 피해가 발생한 경우 그 중의 1인 또는 수인이 대표당사자가 되어 수행하는 손해배상청구소송을 말한다.
2. "총원"이라 함은 유가증권의 매매 그 밖의 거래과정에서 다수인에게 피해가 발생한 경우 그 손해의 보전에 있어서 공통의 이해관계를 가지는 피해자 전원을 말한다.
3. "구성원"이라 함은 총원을 구성하는 각각의 피해자를 말한다.
4. "대표당사자"라 함은 법원의 허가를 받아 총원을 위하여 증권관련집단소송절차를 수행하는 1인 또는 수인의 구성원을 말한다.
5. "제외신고"라 함은 구성원이 증

권관련집단소송에 관한 판결 등
의 기판력을 받지 아니하겠다는
의사를 법원에 신고하는 것을
말한다.

6. "유가증권"이라 함은 증권거래
법 제2조 제1항의 규정에 의한
유가증권을 말한다.

제 3 조(적용범위) ①증권관련집단소송
의 소는 다음 각호의 1에 해당하는
손해배상청구에 한하여 제기할 수
있다.

1. 증권거래법 제14조의 규정에 의
한 손해배상청구

2. 증권거래법 제186조의5의 규정
에 의하여 사업보고서·반기보
고서 및 분기보고서에 준용되는
동법 제14조의 규정에 의한 손
해배상청구

3. 증권거래법 제188조의3 또는 제
188조의5의 규정에 의한 손해배
상청구

4. 증권거래법 제197조의 규정에
의한 손해배상청구

②제1항의 규정에 의한 손해배상청
구는 증권거래법 제2조 제13항 제3
호의 규정에 의한 주권상장법인 또
는 동법 제2조 제15항의 규정에 의
한 협회등록법인이 발행한 유가증
권의 매매 그 밖의 거래로 인한 것
이어야 한다.

제 4 조(관할) 증권관련집단소송은 피
고의 보통재판적 소재지를 관할하
는 지방법원 본원 합의부의 전속관
할로 한다.

제 5 조(소송대리인의 선임) ①증권관
련집단소송의 원고와 피고는 변호
사를 소송대리인으로 선임하여야
한다.

②증권관련집단소송의 대상이 된
유가증권을 소유하거나 그 유가증
권과 관련된 직접적인 금전적 이해
관계가 있는 등의 사유로 인하여 이
법에 의한 절차에서 소송대리인의
업무를 수행하기에 부적절하다고
판단될 정도로 총원과 이해관계가
충돌되는 자는 증권관련집단소송의
원고측 소송대리인이 될 수 없다.

제 6 조(민사소송법의 적용) 증권관련
집단소송에 관하여 이 법에 특별한
규정이 없는 경우에는 민사소송법
을 적용한다.

제 2 장 소의 제기 및 허가절차

제 7 조(소의 제기 및 소송허가신청) ①
대표당사자가 되기 위하여 증권관
련집단소송의 소를 제기하는 자는
소장과 소송허가신청서를 법원에
제출하여야 한다.

②증권관련집단소송의 소장에 붙이
는 인지액은 민사소송등인지법 제2
조 제1항의 규정에 의하여 산출된

금액의 2분의 1에 동조 제2항의 규정을 적용한 금액으로 한다. 이 경우 인지액의 상한은 5천만원으로 한다.

③증권관련집단소송의 항소심 및 상고심에서의 인지액에 대하여는 민사소송등인지법 제3조의 규정을 준용한다.

④법원은 제1항의 규정에 의하여 소장 및 소송허가신청서가 제출된 사실을 증권거래법 제71조의 규정에 의하여 설립된 한국증권거래소(이하 "증권거래소"라 한다) 또는 동법 제162조의 규정에 의하여 설립된 한국증권업협회(이하 "한국증권업협회"라 한다)에 즉시 통보하여야 하며, 증권거래소 또는 한국증권업협회는 그 사실을 일반인이 알 수 있도록 공시하여야 한다.

제8조(소장의 기재사항) 소장에는 다음 각호의 사항을 기재하여야 한다.

1. 제7조 제1항의 규정에 의하여 소를 제기하는 자와 그 법정대리인
2. 원고측 소송대리인
3. 피고
4. 청구의 취지와 원인
5. 총원의 범위

제9조(소송허가신청서의 기재사항 및 첨부서류) ①소송허가신청서에는 다음 각호의 사항을 기재하여야 한다.

1. 제7조 제1항의 규정에 의하여 소를 제기하는 자와 그 법정대리인
2. 원고측 소송대리인
3. 피고
4. 총원의 범위
5. 제7조 제1항의 규정에 의하여 소를 제기하는 자와 원고측 소송대리인의 경력
6. 허가신청의 취지와 원인
7. 변호사 보수에 관한 약정

②제7조 제1항의 규정에 의하여 소를 제기하는 자는 소송허가신청서에 다음 각호의 사항을 진술한 문서를 첨부하여야 한다.

1. 당해 증권관련집단소송을 수행하기 위하여 또는 소송대리인의 지시에 따라 당해 증권관련집단소송과 관련된 유가증권을 취득하지 아니하였다는 사실
2. 최근 3년간 대표당사자로 관여한 증권관련집단소송의 내역

③소송허가신청서에는 소송대리인이 다음 각호의 사항을 진술한 문서를 첨부하여야 한다.

1. 최근 3년간 소송대리인으로 관여한 증권관련집단소송의 내역
2. 제5조 제2항의 규정에 위반되지 아니한다는 사실

제10조(소제기의 공고 및 대표당사자의 선임) ①법원은 제7조의 규정에 의한 소장 및 소송허가신청서를 접수한 날부터 10일 이내에 다음 각

호의 사항을 공고하여야 한다.

1. 증권관련집단소송의 소가 제기
   되었다는 사실
2. 총원의 범위
3. 청구의 취지 및 원인의 요지
4. 대표당사자가 되기를 원하는 구
   성원은 공고가 있는 날부터 30
   일 이내에 법원에 신청서를 제
   출하여야 한다는 사실

②제1항의 규정에 의한 공고는 전
국을 보급지역으로 하는 일간신문
에 게재하는 등 대법원규칙으로 정
하는 방법에 의한다.

③제1항 제4호의 규정에 의하여 대
표당사자가 되기를 원하는 구성원
은 경력과 신청의 취지를 기재한 신
청서에 제9조 제2항의 문서를 첨부
하여 법원에 제출하여야 한다.

④법원은 제1항의 규정에 의한 공
고를 한 날부터 50일 이내에 제7조
제1항의 규정에 의하여 소를 제기
하는 자와 제1항 제4호의 규정에 의
하여 신청서를 제출한 구성원 중 제
11조의 규정에 의한 요건을 갖춘 자
로서 총원의 이익을 대표하기에 가
장 적합한 자를 결정으로 대표당사
자로 선임한다.

⑤제4항의 결정에 대하여는 불복할
수 없다.

⑥제4항의 규정에 의하여 대표당사
자로 선임된 자는 제7조 제1항의 규

정에 의하여 소를 제기하는 자 중
대표당사자로 선임되지 아니한 자
가 붙인 인지의 액면금액을 그에게
지급하여야 한다.

**제11조(대표당사자 및 소송대리인의 요
건)** ①대표당사자는 구성원 중 그
증권관련집단소송으로 인하여 얻을
수 있는 경제적 이익이 가장 큰 자
등 총원의 이익을 공정하고 적절히
대표할 수 있는 구성원이어야 한다.

②증권관련집단소송의 원고측 소송
대리인은 총원의 이익을 공정하고 적
절히 대리할 수 있는 자이어야 한다.

③최근 3년간 3건 이상의 증권관련
집단소송에 대표당사자 또는 대표
당사자의 소송대리인으로 관여하였
던 자는 증권관련집단소송의 대표
당사자 또는 원고측 소송대리인이
될 수 없다. 다만, 제반사정에 비추
어 보아 제1항 및 제2항의 규정에
의한 요건을 충족하는 데에 지장이
없다고 법원이 인정하는 자는 그러
하지 아니하다.

제12조(소송허가요건) ①증권관련집단
소송사건은 다음 각호의 요건을 구
비하여야 한다.

1. 구성원이 50인 이상이고, 청구의
   원인이 된 행위 당시를 기준으로
   이 구성원의 보유 유가증권의 합
   계가 피고 회사의 발행 유가증권
   총수의 1만분의 1 이상일 것

2. 제3조 제1항 각호의 손해배상청구로서 법률상 또는 사실상의 중요한 쟁점이 모든 구성원에게 공통될 것
3. 증권관련집단소송이 총원의 권리실현이나 이익보호에 적합하고 효율적인 수단일 것
4. 제9조의 규정에 의한 소송허가신청서의 기재사항 및 첨부서류에 흠결이 없을 것

②증권관련집단소송의 소가 제기된 후 제1항 제1호의 요건을 충족하지 못하게 된 경우에도 제소의 효력에는 영향이 없다.

제13조(소송허가절차) ①대표당사자는 소송허가신청의 이유를 소명하여야 한다.

②증권관련집단소송의 허가여부에 관한 재판은 제7조 제1항의 규정에 의하여 소를 제기하는 자와 피고를 심문하여 결정으로 한다.

③법원은 제2항의 규정에 의한 재판을 함에 있어서 손해배상청구의 원인이 되는 행위를 감독·검사하는 감독기관으로부터 손해배상청구 원인행위에 대한 기초조사 자료를 제출받는 등 직권으로 필요한 조사를 할 수 있다.

제14조(소송허가신청이 경합된 경우의 처리) ①동일한 분쟁에 관하여 수개의 증권관련집단소송의 소송허가신청서가 동일한 법원에 제출된 경우 법원은 이를 병합심리하여야 한다.

②동일한 분쟁에 관한 수개의 증권관련집단소송의 소송허가신청서가 각각 다른 법원에 제출된 경우 관계법원에 공통되는 직근상급법원은 관계법원이나 제7조 제1항의 규정에 의하여 소를 제기하는 자, 대표당사자 또는 피고의 신청에 의하여 결정으로 이를 심리할 법원을 정한다.

③제2항의 규정에 의하여 수개의 증권관련집단소송을 심리할 법원으로 결정된 법원은 이를 병합심리하여야 한다.

④법원은 제1항 및 제3항의 규정에 의하여 병합심리하는 경우에는 제7조 제1항의 규정에 의하여 소를 제기하는 자, 제10조 제1항 제4호의 규정에 의하여 신청서를 제출한 구성원 또는 대표당사자들의 의견을 들어 소송을 수행할 대표당사자 및 소송대리인을 정할 수 있다.

⑤제2항 및 제4항의 결정에 대하여는 불복할 수 없다.

제15조(소송허가결정) ①법원은 제3조·제11조 및 제12조의 규정에 적합한 경우에 한하여 결정으로 증권관련집단소송을 허가한다.

②증권관련집단소송의 허가결정서에는 다음 각호의 사항을 기재하고

결정을 한 법관이 기명날인하여야
한다.

1. 대표당사자와 그 법정대리인
2. 원고측 소송대리인
3. 피고
4. 총원의 범위
5. 주문
6. 이유
7. 청구의 취지 및 원인의 요지
8. 제외신고의 기간과 방법
9. 제16조의 규정에 의한 비용의
   예납에 관한 사항
10. 그 밖의 필요한 사항

③법원은 상당하다고 인정하는 때
에는 결정으로 총원의 범위를 조정
하여 허가할 수 있다.

④제1항 및 제3항의 결정에 대하여
는 즉시항고할 수 있다.

제16조(소송비용의 예납) 법원은 제15
조 제1항의 규정에 의한 소송허가
결정을 하는 때에는 고지·공고·
감정 등에 필요한 비용의 예납을 명
하여야 한다.

제17조(소송불허가결정) ①대표당사자
는 증권관련집단소송의 불허가결정
에 대하여 즉시항고할 수 있다.

②제1항의 규정에 의한 불허가결정
이 확정된 때에는 증권관련집단소
송의 소가 제기되지 아니한 것으로
본다.

제18조(소송허가결정의 고지) ①법원은

제15조 제1항의 규정에 의한 소송허
가결정이 확정된 때에는 지체없이
다음 각호의 사항을 구성원에게 고
지하여야 한다.

1. 대표당사자와 그 법정대리인의
   성명·명칭 또는 상호 및 주소
2. 원고측 소송대리인의 성명·명
   칭 또는 상호 및 주소
3. 피고의 성명·명칭 또는 상호
   및 주소
4. 총원의 범위
5. 청구의 취지 및 원인의 요지
6. 제외신고의 기간과 방법
7. 제외신고를 한 자는 개별적으로
   소를 제기할 수 있다는 사실
8. 제외신고를 하지 아니한 구성원
   에 대하여는 증권관련집단소송
   에 관한 판결 등의 효력이 미친
   다는 사실
9. 제외신고를 하지 아니한 구성원
   은 증권관련집단소송의 계속중
   에 법원의 허가를 받아 대표당
   사자가 될 수 있다는 사실
10. 변호사 보수에 관한 약정
11. 그 밖에 법원이 필요하다고 인
    정하는 사항

②제1항의 규정에 의한 고지는 구
성원 모두에게 주지시킬 수 있는 적
당한 방법으로서 대법원규칙이 정
하는 방법으로 하여야 한다.

③제1항의 규정에 의한 고지내용은

전국을 보급지역으로 하는 일간신문에 게재하여야 한다.

제19조(소송허가결정의 통보) ①법원은 제18조 제1항 각호의 사항을 증권거래소 또는 한국증권업협회에 즉시 통보하여야 한다.

②제1항의 규정에 의한 통보를 받은 증권거래소 또는 한국증권업협회는 그 내용을 일반인이 알 수 있도록 공시하여야 한다.

제20조(복수의 대표당사자의 소송수행) 대표당사자가 복수인 경우에는 민사소송법 제67조 제1항 및 제2항의 규정을 준용한다.

제21조(대표당사자에 관한 허가) ①구성원은 증권관련집단소송의 계속중에 법원의 허가를 받아 대표당사자가 될 수 있다.

②제1항의 결정에 관하여는 제13조 제2항 및 제3항의 규정을 준용한다.

③제1항의 결정에 대하여는 불복할 수 없다.

제22조(대표당사자의 소송수행금지) ①법원은 대표당사자가 총원의 이익을 공정하고 적절히 대표하고 있지 못하거나 그 밖에 중대한 사유가 있는 때에는 직권 또는 다른 대표당사자의 신청에 의하여 그 대표당사자의 소송수행을 결정으로 금지할 수 있다.

②제1항의 결정에 관하여는 제13조 제2항 및 제3항의 규정을 준용한다.

③제1항의 결정에 대하여는 즉시항고할 수 있다.

제23조(대표당사자의 사임) 대표당사자는 정당한 이유가 있는 때에는 법원의 허가를 받아 사임할 수 있다.

제24조(대표당사자의 결원) ①대표당사자의 전부가 사망 또는 사임하거나 제22조 제1항의 규정에 의하여 소송수행이 금지된 경우에는 소송절차는 중단된다.

②제1항의 경우 대표당사자가 되고자 하는 구성원은 제21조의 규정에 의한 법원의 허가를 받아 중단된 소송절차를 수계하여야 한다.

③제1항의 규정에 의한 소송절차의 중단후 1년 이내에 수계신청이 없는 때에는 소가 취하된 것으로 본다.

제25조(대표당사자 변경의 고지) 법원은 제21조·제23조 또는 제24조의 규정에 의하여 대표당사자가 변경된 경우에는 상당한 방법으로 구성원에게 이를 고지하여야 한다.

제26조(소송대리인의 사임 등) ①증권관련집단소송의 원고측 소송대리인은 정당한 이유가 있는 때에는 법원의 허가를 받아 사임할 수 있다.

②대표당사자는 상당한 사유가 있는 때에는 법원의 허가를 받아 소송대리인을 해임·추가선임 또는 교

체할 수 있다.

③증권관련집단소송의 원고측 소송대리인의 전원이 사망 또는 사임하거나 해임된 때에는 소송절차는 중단된다.

④제3항의 경우 대표당사자는 법원의 허가를 받아 소송대리인을 선임하여 소송절차를 수계하여야 한다.

⑤제3항의 규정에 의한 소송절차의 중단후 1년 이내에 수계신청이 없는 때에는 그 증권관련집단소송은 취하된 것으로 본다.

제27조(총원의 범위의 변경) ①법원은 필요하다고 인정하는 때에는 직권 또는 신청에 의하여 결정으로 총원의 범위를 변경할 수 있다.

②제1항의 결정에 대하여는 즉시항고할 수 있다.

③법원은 제1항의 결정에 의하여 구성원에서 제외되는 자와 새로이 구성원이 되는 자에게 결정내용을 고지하여야 한다. 이 경우 새로이 구성원이 되는 자에 대하여는 제18조 제1항 각호의 사항을 함께 고지하여야 한다.

④제3항의 규정에 의한 고지에 관하여는 제18조 제2항 및 제3항의 규정을 준용한다.

제28조(제외신고) ①구성원은 제18조 제1항 또는 제27조 제3항의 규정에 의하여 고지한 제외신고기간 내에 서면으로 법원에 제외신고를 할 수 있다.

②제1항의 규정에 의한 제외신고기간이 만료되기 전에 증권관련집단소송의 목적으로 된 권리와 동일한 권리에 대하여 개별적으로 소를 제기하는 자는 제외신고를 한 것으로 본다. 다만, 제외신고기간 내에 소를 취하한 경우에는 그러하지 아니하다.

③증권관련집단소송의 피고는 제2항의 규정에 의하여 개별적으로 제기된 소에 관하여 법원에 신고하여야 한다.

④법원은 제1항 및 제3항의 규정에 의하여 신고된 사항을 대표당사자와 피고에게 통지하여야 한다.

제29조(시효중단의 효력) 증권관련집단소송의 소제기로 인한 시효중단의 효력은 다음 각호의 1에 해당하는 사유가 발생한 때부터 6월 이내에 그 청구에 관하여 소가 제기되지 아니한 경우에 소멸한다.

1. 제17조의 규정에 의하여 불허가 결정이 확정된 경우

2. 제27조의 규정에 의한 결정에 의하여 구성원에서 제외된 경우

3. 제28조의 규정에 의한 제외신고를 한 경우

제 3 장 소송절차

제30조(직권증거조사) 법원은 필요하다고 인정하는 때에는 직권으로 증거조사를 할 수 있다.

제31조(구성원 및 대표당사자의 신문) 법원은 필요하다고 인정하는 때에는 구성원과 대표당사자를 신문할 수 있다.

제32조(문서제출명령 등) ①법원은 필요하다고 인정하는 때에는 소송과 관련있는 문서를 소지하고 있는 자에 대하여 그 문서의 제출을 명하거나 송부를 촉탁할 수 있다.

②제1항의 규정에 의한 문서제출명령이나 문서송부촉탁을 받은 자는 정당한 이유없이 그 제출이나 송부를 거부할 수 없다. 다만, 다음 각호의 1에 해당하는 경우에는 그러하지 아니하다.

　1. 공공기관의정보공개에관한법률 제4조 제3항 및 동법 제7조 제1항 각호의 사유가 있는 문서

　2. 민사소송법의 규정에 의하여 제출을 거부할 수 있는 문서

③대표당사자와 피고는 법원에 제1항의 규정에 의한 문서제출명령 등을 신청할 수 있다.

제33조(증거보전) 법원은 미리 증거조사를 하지 아니하면 그 증거를 사용하기 곤란한 사정이 있지 아니한 경우에도 필요하다고 인정하는 때에는 당사자의 신청에 따라 증거조사를 할 수 있다.

제34조(손해배상액의 산정) ①손해배상액의 산정에 관하여 증권거래법 그 밖에 다른 법률에 규정이 있는 경우에는 그에 따른다.

②법원은 제1항의 규정에 의하거나 증거조사에 의하여도 정확한 손해액의 산정이 곤란한 경우에는 제반 사정을 참작하여 표본적·평균적·통계적 방법 그밖의 합리적 방법으로 이를 정할 수 있다.

제35조(소취하·화해 또는 청구포기의 제한) ①증권관련집단소송에 있어서 소의 취하, 소송상의 화해 또는 청구의 포기는 법원의 허가를 받지 아니하면 그 효력이 없다.

②법원은 제1항의 규정에 의하여 소의 취하, 소송상의 화해 또는 청구의 포기의 허가에 관한 결정을 하고자 하는 때에는 미리 구성원에게 이를 고지하여 의견을 진술할 기회를 부여하여야 한다.

③제2항의 규정에 의한 고지에 관하여는 제18조 제2항 및 제3항의 규정을 준용한다.

④증권관련집단소송에 관하여는 민사소송법 제268조의 규정을 적용하지 아니한다.

제36조(판결서의 기재사항 등) ①판결

서에는 민사소송법 제208조 제1항 각호의 사항 외에 다음 사항을 기재하여야 한다.

1. 원고측 소송대리인과 피고측 소송대리인
2. 총원의 범위
3. 제외신고를 한 구성원

②법원은 금전지급의 판결을 선고함에 있어서는 제반사정을 참작하여 지급의 유예와 분할지급 그 밖에 상당한 방법에 의한 지급을 허락할 수 있다.

③법원은 판결의 주문과 이유의 요지를 구성원에게 고지하여야 한다.

④제3항의 규정에 의한 고지에 관하여는 제18조 제2항 및 제3항의 규정을 준용한다.

제37조(기판력의 주관적 범위) 확정판결은 제외신고를 하지 아니한 구성원에 대하여도 그 효력이 미친다.

제38조(상소취하 · 상소권포기의 제한)
①제35조의 규정은 상소의 취하 또는 상소권의 포기에 관하여 이를 준용한다.

②대표당사자가 기간 이내에 상소하지 아니한 경우에는 상소제기기간이 만료된 때부터 30일 이내에 구성원이 법원의 허가를 받아 상소를 목적으로 하는 대표당사자가 될 수 있다.

③제2항의 규정에 따라 대표당사자가 된 자의 상소는 법원의 허가를 받은 날부터 2주 이내에 하여야 한다.

제 4 장 분배절차

제39조(분배법원) 이 장의 규정에 의한 분배에 관한 법원의 처분 · 감독 및 협력 등은 제1심 수소법원의 전속관할로 한다.

제40조(권리실행) ①대표당사자는 집행권원을 취득한 때에는 지체없이 그 권리를 실행하여야 한다.

②대표당사자는 권리실행으로 금전 등을 취득한 경우에는 대법원규칙이 정하는 바에 의하여 이를 보관하여야 한다.

③대표당사자는 권리실행이 종료된 때에는 그 결과를 법원에 보고하여야 한다.

제41조(분배관리인의 선임) ①법원은 직권 또는 대표당사자의 신청에 의하여 분배관리인을 선임하여야 한다.

②제1항의 규정에 의한 분배관리인(이하 "분배관리인"이라 한다)은 법원의 감독하에 권리실행으로 취득한 금전 등의 분배업무를 행한다.

③법원은 분배관리인이 분배업무를 적절히 수행하지 못하거나 그 밖의 중대한 사유가 있는 때에는 직권 또는 신청에 의하여 분배관리인을 변경할 수 있다.

제42조(분배계획안의 작성) ①분배관리인은 법원이 정한 기간 이내에 분배계획안을 작성하여 법원에 제출하여야 한다.

②제1항의 규정에 의한 분배계획안(이하 "분배계획안"이라 한다)에는 다음 각호의 사항을 기재하여야 한다.

 1. 총원의 범위와 채권의 총액

 2. 집행권원의 표시금액, 권리실행금액 및 분배할 금액

 3. 제44조 제1항의 규정에 의한 공제항목과 그 금액

 4. 분배의 기준과 방법

 5. 권리신고의 기간ㆍ장소 및 방법

 6. 권리확인방법

 7. 분배금의 수령기간ㆍ수령장소 및 수령방법

 8. 그 밖에 필요하다고 인정되는 사항

제43조(분배의 기준 등) ①분배의 기준은 판결이유 중의 판단이나 화해조서 또는 인낙조서의 기재내용에 의한다.

②권리신고기간 내에 신고하여 확인된 권리의 총액이 분배할 금액을 초과하는 경우에는 안분비례의 방법에 의한다.

제44조 (분배에서 제외하는 비용 등) ①분배관리인은 권리실행으로 취득한 금액에서 다음 각호의 비용을 공제할 수 있다.

 1. 소송비용 및 변호사 보수

 2. 권리실행비용

 3. 분배비용(분배관리인에 대하여 지급하는 상당하다고 인정되는 액수의 보수를 포함한다)

②분배관리인은 제46조 제1항의 규정에 의한 분배계획의 인가를 받기 전에 제1항 제1호 내지 제3호의 비용을 지급하고자 하는 때에는 법원의 허가를 받아야 한다.

③법원은 분배관리인ㆍ대표당사자 또는 구성원의 신청이 있는 경우에 소송의 진행과정ㆍ결과 등 여러 사정을 참작하여 제1항 제1호의 변호사 보수를 감액할 수 있다. 이 경우 법원은 신청인과 대표당사자의 소송대리인을 심문하여야 한다.

④제3항의 신청은 제46조 제1항의 규정에 의한 분배계획안의 인가 전까지 하여야 한다.

⑤제3항의 규정에 의한 결정에 대하여는 즉시항고를 할 수 있다.

제45조(비용지급에 부족한 경우) ①법원은 권리실행으로 취득한 금액이 제44조 제1항 각호의 비용을 지급하기에 부족한 때에는 분배하지 아니한다는 결정을 하여야 한다.

②제1항의 결정이 있는 경우 분배관리인은 법원의 허가를 받아 권리실행한 금액을 적절한 방법으로 제44조 제1항 각호의 비용에 분배하

여야 한다.

제46조(분배계획안의 인가) ①법원은 분배계획안이 공정하며 형평에 맞다고 인정되는 때에는 결정으로 이를 인가하여야 한다.

②법원은 상당하다고 인정하는 때에는 직권으로 분배계획안을 수정하여 인가할 수 있다. 이 경우 법원은 미리 분배관리인을 심문하여야 한다.

③제1항 및 제2항의 결정에 대하여는 불복할 수 없다.

제47조(분배계획의 고지) 법원은 분배계획을 인가한 때에는 상당한 방법으로 다음 각호의 사항을 구성원에게 고지하여야 한다.

1. 집행권원의 요지
2. 분배관리인의 성명 및 주소
3. 분배계획의 요지

제48조(분배계획의 변경) ①법원은 상당한 이유가 있다고 인정하는 때에는 직권 또는 분배관리인의 신청에 의하여 결정으로 분배계획을 변경할 수 있다.

②제1항의 결정에 대하여는 불복할 수 없다.

③법원은 분배계획을 변경하는 경우 필요하다고 인정하는 때에는 상당한 방법으로 변경의 내용을 구성원에게 고지하여야 한다.

제49조(권리의 신고와 확인) ①구성원은 분배관리인에 대하여 분배계획이 정하는 바에 따라 권리신고기간 내에 권리를 신고하여야 한다.

②구성원은 책임없는 사유로 권리신고기간 내에 신고를 하지 못한 경우에는 그 사유가 종료된 후 1월 이내에 한하여 신고할 수 있다. 다만, 제53조의 규정에 의한 공탁금의 출급청구기간이 만료되기 전에 신고하여야 한다.

③분배관리인은 신고된 권리를 확인하여야 한다.

④분배관리인은 권리신고를 한 자 및 피고에 대하여 권리확인의 결과를 통지하여야 한다.

제50조(권리확인에 관한 이의) ①권리신고를 한 자 또는 피고는 분배관리인의 권리확인에 이의가 있는 때에는 제49조 제4항의 규정에 의한 확인결과의 통지를 받은 날부터 2주일 이내에 법원에 그 권리의 확인을 구하는 신청을 할 수 있다.

②법원은 제1항의 신청에 대하여 결정으로 재판하여야 한다.

③제2항의 결정에 대하여는 불복할 수 없다.

제51조(잔여금의 공탁) 분배관리인은 분배금의 수령기간 경과후 잔여금이 있는 때에는 지체없이 이를 공탁하여야 한다.

제52조(분배보고서) ①분배관리인은

분배금의 수령기간 경과후 분배보
고서를 법원에 제출하여야 한다.
②제1항의 규정에 의한 분배보고서
에는 다음 각호의 사항을 기재하여
야 한다.
  1. 권리신고를 한 자의 성명·주소
    및 신고금액
  2. 권리가 확인된 자 및 확인금액
  3. 분배받은 자 및 분배금액
  4. 잔여금과 그 밖의 필요한 사항
③분배보고서는 이해관계인이 열람
할 수 있도록 제56조 본문의 규정
에 의한 기간이 경과할 때까지 법원
에 비치하여야 한다.
제53조(수령기간 경과후의 지급) 권리
가 확인된 구성원으로서 분배금의
수령기간내에 분배금을 수령하지
아니한 자 또는 신고기간 경과후에
권리를 신고하여 권리를 확인받은
자는 수령기간 경과후 6월 이내에
한하여 공탁금의 출급을 청구할 수
있다.
제54조(분배종료보고서) ①분배관리인
은 제53조의 규정에 의한 공탁금의
출급청구기간이 만료된 때에는 지
체없이 법원에 분배종료보고서를
제출하여야 한다.
②제1항의 규정에 의한 분배종료보
고서에는 수령기간 경과후에 분배
금을 분배받은 자의 성명·주소 및
분배금액, 분배금의 지급총액, 잔여

금의 처분, 분배비용 그 밖의 필요
한 사항을 기재하여야 한다.
③제52조 제3항의 규정은 분배종
료보고서에 관하여 이를 준용한다.
제55조(잔여금의 처분) 법원은 제54조
제1항의 규정에 의한 분배종료보고
서가 제출된 경우 잔여금이 있는 때
에는 직권 또는 피고의 출급청구에
의하여 이를 피고에게 지급한다.
**제56조(분배관리인에 대한 손해배상청
구권)** 분배관리인의 직무상 행위에
관한 손해배상청구권은 분배종료보
고서를 제출한 날부터 2년이 경과
되면 소멸한다. 다만, 분배관리인의
부정행위로 인한 손해배상청구권인
경우에는 그러하지 아니하다.
제57조(금전외의 물건의 분배) ①권리
의 실행으로 취득한 금전외의 물건
을 분배하는 경우에는 그 성질에 반
하지 아니하는 범위 안에서 금전에
준하여 분배한다.
②분배관리인은 법원의 허가를 받
아 권리의 실행으로 취득한 금전외
의 물건의 전부 또는 일부를 환가하
여 분배할 수 있다.
제58조(추가분배) 제54조 제1항의 규
정에 의한 분배종료보고서가 제출
된 후에 새로이 권리실행이 가능하
게 된 경우의 분배절차에 관하여는
제39조 내지 제57조의 규정을 준용
한다.

제 5 장 시행규칙

제59조(대법원규칙) 이 법의 시행에 관하여 필요한 사항은 대법원규칙으로 정한다.

제 6 장 벌 칙

제60조(배임수재 등) ①증권관련집단소송의 제7조 제1항의 규정에 의하여 소를 제기하는 자, 대표당사자, 원고측 소송대리인 또는 분배관리인이 그 직무에 관하여 부정한 청탁을 받고 금품 또는 재산상의 이익을 수수·요구 또는 약속한 때에는 다음 각호의 구분에 따라 처벌한다.
  1. 수수·요구 또는 약속한 금품 또는 는 재산상의 이익의 가액(이하 "수수액"이라 한다)이 1억원 이상인 때에는 무기 또는 10년 이상의 유기징역에 처하되, 수수액에 상당하는 금액 이하의 벌금을 병과할 수 있다.
  2. 수수액이 3천만원 이상 1억원 미만인 때에는 5년 이상의 유기징역에 처하되, 수수액에 상당하는 금액 이하의 벌금을 병과할 수 있다.
  3. 수수액이 3천만원 미만인 때에는 7년 이하의 징역 또는 1억원 이하의 벌금에 처한다.

②증권관련집단소송의 제7조 제1항의 규정에 의하여 소를 제기하는 자, 대표당사자, 원고측 소송대리인 또는 분배관리인이 그 직무에 관하여 부정한 청탁을 받고 제3자에게 금품 또는 재산상의 이익을 공여하게 하거나 공여하게 할 것을 요구 또는 약속한 때에도 제1항의 형과 같다.

③제1항 및 제2항의 죄에 대하여는 10년 이하의 자격정지를 병과할 수 있다.

제61조(배임증재 등) ①증권관련집단소송의 제7조 제1항의 규정에 의하여 소를 제기하는 자, 대표당사자, 원고측 소송대리인 또는 분배관리인에게 그 직무에 관하여 부정한 청탁을 하고 금품 또는 재산상의 이익을 약속 또는 공여한 자나 공여의 의사를 표시한 자는 7년 이하의 징역 또는 1억원 이하의 벌금에 처한다.

②제1항의 행위에 제공할 목적으로 제3자에게 금품을 교부하거나 그 정을 알면서 교부받은 자도 제1항의 형과 같다.

제62조(몰수·추징) 제60조 및 제61조의 죄를 범한 자 또는 그 정을 아는 제3자가 취득한 금품 또는 재산상의 이익은 이를 몰수하되, 이를 몰수할 수 없는 때에는 그 가액을 추징한다.

제63조(과태료) 다음 각호의 1에 해당
하는 자에 대하여는 3천만원 이하
의 과태료에 처한다.
  1. 제9조 제1항 제4호의 내용을 허
    위로 기재한 자
  2. 제9조 제2항 또는 제3항의 문서
    를 허위로 작성하여 첨부한 자
  3. 정당한 이유없이 제32조 제2항
    의 규정에 의한 문서제출명령
    또는 문서송부촉탁을 거부한 자

부칙 〈제7074호, 2004.1.20〉

① **(시행일)** 이 법은 2005년 1월 1일
부터 시행한다.
② **(적용례)** 이 법은 이 법 시행후 최
초로 행하여진 행위로 인한 손해배
상청구분부터 적용한다.
③ **(자산총액 2조원 미만인 법인에 대
한 적용례)** 이 법 시행일을 기준으
로 직전 사업연도말 현재 자산총액
이 2조원 미만인 증권거래법 제2조
제13항 제3호의 규정에 의한 주권
상장법인 또는 동법 제2조 제15항
의 규정에 의한 협회등록법인이 발
행한 유가증권의 매매 그 밖의 거래
로 인한 손해배상청구로서 제3조
제1항 제1호 · 제2호 및 제4호의 규
정에 의한 손해배상청구에 대하여
는 2007년 1월 1일 이후 최초로 행
하여진 행위로 인한 손해배상청구
분부터 이 법을 적용한다.